文通天下

突 破 认 知 的 边 界

高段位接话

木 鱼 著

光明日报出版社

图书在版编目（CIP）数据

高段位接话 / 木鱼著. -- 北京 : 光明日报出版社, 2025. 8. -- ISBN 978-7-5194-8917-5

Ⅰ. H019-49

中国国家版本馆CIP数据核字第2025HV8573号

高段位接话

GAO DUANWEI JIEHUA

著　　者：木　鱼

责任编辑：孙　展　　　　责任校对：徐　蔚

特约编辑：王　猛　　　　责任印制：曹　诤

封面设计：万　聪

出版发行：光明日报出版社

地　　址：北京市西城区永安路106号，100050

电　　话：010-63169890（咨询），010-63131930（邮购）

传　　真：010-63131930

网　　址：http://book.gmw.cn

E - mail：gmrbcbs@gmw.cn

法律顾问：北京市兰台律师事务所龚柳方律师

印　　刷：河北文扬印刷有限公司

装　　订：河北文扬印刷有限公司

本书如有破损、缺页、装订错误，请与本社联系调换，电话：010-63131930

开　　本：170mm×240mm　　　　印　　张：15.5

字　　数：173千字

版　　次：2025年8月第1版

印　　次：2025年8月第1次印刷

书　　号：ISBN 978-7-5194-8917-5

定　　价：58.00元

目录

第一章

遇到暴脾气的人，高情商接话

别因为一点小摩擦就大吵大闹

只要是有人的地方，人际摩擦就在所难免。一个有格局的人，是很容易处理好人际摩擦的，他们会用一句句“对不起”“不好意思”“给您添麻烦了”及时地表达自己无心争吵的善意，把激烈冲突发生的可能性降到最低。而一个格局低的人，则连最简单的道歉都不愿意说，很可能会把原本不值一提的小摩擦演变成大吵大闹。

董嫚租住的公寓有着很严格的管理规约，比如不能饲养大型烈性犬，不能在楼道里堆放私人物品，不能在休息时间进行扰民的装修施工，也不能制造噪声。一旦有居民做出违反管理规约的事，其他业主就可以向物业进行举报和投诉，物业管理公司会派专人前去协商解决。

对董嫚来说，这是件好事，因为她孤身一人在外，租住在这个人生地不熟的公寓楼，如果正常生活被某些邻居不文明的行为影响，她还真不敢单独找人家去说。有了物业的居中调解，很多事就不用她出面解决了，免去了很多尴尬。

但让董嫚没想到的是，这次被投诉的是她，理由是董嫚常把外出拖鞋脱在门口的地垫上，不拿进自己的房子。董嫚知道公寓管理规约中明文规定住户不可以把自家的私人物品堆放在楼道内，但她没想到一双小小的拖鞋放在门口能对其他邻居造成什么损害，这跟一般意义上的“堆放”完全不是一回事嘛。

她对物业工作人员解释了自己的想法，并要求物业提供投诉人的信息。想来会因为拖鞋问题投诉自己的，也就是对门了，既然是住得这么近的邻居，有什么话当面说就好，还向物业投诉，真让董嫚有点别扭。

物业人员实地察看了董嫚家门口的情况，一张卡通造型的地垫，上面放着一双人字拖，由于董嫚住的房子在楼道尽头，也不会有什么人途经，不可能影响通行。经过讨论，物业人员觉得董嫚的说法有道理，管理制度可以严格，但不能不近人情，最后这件事就以保持原状作为处理结果，投诉的邻居那边由物业负责说明情况。

过了两天，董嫚又接到物业的电话，跟她商量还是把拖鞋拿进屋里去，因为邻居又投诉了，说这严重影响了对门邻居的正常生活，必须立刻收起来，要不对方就采取进一步措施。这真是让董嫚哭笑不得，虽然将拖鞋拿进屋对她来说并不费劲，但是有种被胁迫的感觉。她思索再三，决定主动去对门问问情况，看这里面是不是有什么误会。

敲开对门邻居的家门，开门的是一个瘦小的老太太，她打开一条门缝，问董嫚："你是谁？有什么事情？"董嫚迎着她满怀敌意的眼神，微笑着说："阿姨您好，我是住在对门的邻居，您叫我小董就行。是这样，我接到物业电话，说我把拖鞋放在门口影响了您的生活，惹您生气了，我这不是来给您道歉了嘛。"

听她这么说，对方一下就明白了，但仍旧没有把门打开，从门缝处对她说："你们年轻人不在意，老人都知道的，开门见鞋子不好的呀，我每天开门都会看见你的鞋，身体都不好了呀，你快收起来吧，要不然我要在门框上挂镜子了。"说完这话，她满脸严肃地看着董嫚，这下董嫚明白了，这位老太太有点迷信，觉得自己把拖鞋放在门口，导致她"开门见邪（鞋）"，会影响身体健康和时运。

想到这里，董嫚继续笑着说："看您说的，我收，我这就收，我们小年轻不懂事，您千万别往心里去，给您添麻烦了，实在是对不住，您莫怪罪！"老太太看她笑呵呵答应了，有些意外，紧绷的表情终于放松下来，敌意没了。她笑着连说"谢谢"，然后关上了门。董嫚转身走到家门口，拎起自己的小拖鞋，笑嘻嘻地回了屋，这事就算圆满解决了。

面对莫名其妙的投诉，董嫚可以有很多应对的选择：继续坚持把拖鞋放在门口，事理上完全说得通，在物业的支持下据理力争的话，跟对方大吵一架，也不是全无获胜的可能，尽管以后邻居就成了仇人，她可以关上门不在乎；虽然收起拖鞋，但也要跟对方理论一番，心中的不爽一定要发泄出来，就算是吵上一架，也要让他们知道自己不是好欺负的，做出让步是自己的素质高，可不是怕了谁；或者把自己的拖鞋收进屋，一声不响地关起门来生闷气。

但是董嫚选择了不逃避也不发怒，她笑着敲开了邻居的家门，笑着听完了邻居有点荒诞的理由，却体谅对方，笑着收起了自己的拖鞋，事情解决了。她的让步做得心安，不觉得吃了多大亏，也没有憋着什么负面情绪，可以说这件事根本就没有破坏她的好心情。远亲不如近邻，以和为贵的道理我们都懂，不理智的愤怒只会让你四处树敌，最后把战火烧到家门口。

人际摩擦在所难免，面对矛盾的岔路口，下列应对策略才是理智的：

1. 不愤怒。

生气解决不了任何事，发怒不是处理问题应有的态度，有什么话都要和风细雨地慢慢说，带着敌意只会把事情搞砸。

2. 不逃避。

矛盾就在那里，你假装没看见它，它也不会自动消失。如果心里不服，忍气吞声只会让你更难受，如果对方找上门来，你却一声不吭，冷漠的态度更容易激化矛盾。

3.学会使用致谢和道歉的语句。

笑着说出它们，开始时可能会有些不好意思，会觉得尴尬，但只要多加练习，这些简单的语言就能帮你变成更好、更快乐的人。

逞一时口舌之快
只会让他人不愉快

生活中，有很多人为了一时的口舌之快，总是说出一些让自己舒坦却伤害了别人的话，也因此给自己带来了一些不必要的烦恼和困惑，到头来还会感到莫名其妙：“我就是随意的一句话，别人为什么那么生气呢？有那么严重吗？”

当然严重！俗话说，良言一句三冬暖，恶语伤人六月寒。说者无意，听者有心。所以，才有人会说：“人们在说话时应当注意措辞，做到慎言，否则就会让别人误解自己的意思。”

杨寒是办公室新来的职员，除了他之外，别人都是老员工，吃饭、逛街通常是集体出动。为此，杨寒希望能够快速融入这个集体。

刚来的那几天，杨寒并没有主动跟他们说话，只是在听他们说。从他们的谈话中，杨寒知道有个老员工要过生日了，最近他们正在商议一起去KTV唱歌，询问谁有某某KTV的会员卡。杨寒正好有那家KTV的会员卡，于是在一天中午吃饭时，就跟他们提起了这件事情。

杨寒说："王哥，听说你们要去某某KTV唱歌，我这儿正好有那里的会员卡，可以优惠。"王哥听后很高兴，去找其他人商量。谁知，正好公司里的小张也从朋友那里借来了一张会员卡，但是由于小张借来的是一般的会员卡，所以杨寒就说："用我的吧。我的卡比较高级，折扣多，能多优惠些。"

其实杨寒并没有挖苦小张的意思，他只是迫切地想融入公司的团队。结果小张知道后非常不高兴，认为杨寒是在讽刺他的卡不好，虽然当时表面上没说什么，但是之后一直与杨寒有芥蒂，连带着其他老员工也不太喜欢杨寒。

如果当时杨寒换个说法，可能就不会有后来的问题了，但是由于他一时失言，所以给自己带来了诸多麻烦。

可见，哪怕是无心说错了话，让别人下不了台，也可能会把自己的事情弄得很糟，同时导致人际关系恶化。说者无心，听者有意，如果一个人常常不假思索就说话，便容易因为"嘴"伤人而招致别人的怨恨。

李太太和王太太是楼上楼下的邻居，两家在这座楼里住了好些年了，但是两人之间的关系一直都比较紧张。其实她们之间并没有什么大不了的矛盾，只不过二人说话都喜欢戗人，非要在口头上占彼此的便宜，不肯让对方半分。

有一次，李太太经常在国外出差的儿子买了一组进口的真皮沙发给她，这让附近的住户们都非常羡慕，纷纷说李太太的儿子懂得孝顺父母，真是不错。为此，那几天李太太很是高兴，每天都容光焕发的。

不巧的是，王太太的儿子不争气，她儿子的工作还是王先生托人给找的，每天能按时上班就不错了，更别提买什么沙发了。因此，那一段时间，王太太从来不参与李太太她们之间的谈话。

结果，有一天王太太路过小区里的花园时，又听到李太太在夸奖她的沙发，实在忍不住，就说了一句："为别人卖命得来的沙发，有什么好炫耀的。"李太太一听就生气了，说王太太："总比有些人儿子不争气，吃不着葡萄说葡萄酸强。"二人顿时吵了起来，此后她们的关系更僵了。

上面故事中的李、王二位太太就是典型的喜欢逞口舌之快的女人，她们以互相打压对方为乐，殊不知这样做却伤害了别人。俗话说"泥人儿还有三分脾气"，何况是有血有肉的人呢？人际交往中的矛盾、误解是在所难免的，遇到这种情况，很多人选择了用言语去攻击对方，以解心头之恨，殊不知这样却是害人害己。

或许有人会说，逞口舌之快没什么大不了，因为这些人毕竟不是"坏人"，他们只是因为心直口快，说话不讲究措辞和语气，才会在不经意间伤害到别人。其实，心直口快有时不是什么优点，特别是那种不负责任的“找碴儿者”。他们全然不顾自己的德行修为，只因一时口快就恶语伤人，不仅伤人面子，还会破坏朋友、亲人、同事之间的感情，倘若本来就是不太熟悉的人，更会徒增怨恨。

俗话说：“杀敌一千，自损八百。”损人之语，必不利己。逞一时口头之快会给自己树敌，也让自己显得特别没有风度和气质，像“泼妇”一样不招人待见。那么，当人际交往中出现矛盾时，要如何应对，才能不损人、不害己呢？

1.转移话题，制造轻松气氛。

在交际场合，如果某个较为严肃、敏感的话题弄得交谈双方对立，甚至阻碍交谈正常进行时，可以避开它，用一些轻松、愉快的话题来活跃气氛，转移双方的注意力，或者通过幽默的话语将严肃的话题淡化，使原来僵持的场面重新活跃起来，从而缓和尴尬的局面。

2.找个借口，给对方台阶下。

有些人之所以在交际活动中陷入窘境，常常是因为他们在特定的场合做出了不合时宜或不合情理的事情。在这种情形下，最行之有效的打圆场的方法，就是找一个借口，以合情合理的解释使对方有台阶下。这样一来，对方的尴尬解除了，正常的人际关系也得以继续下去。

3. 善意“曲解”，化干戈为玉帛。

在交际活动中，交际的双方或第三者由于彼此言语之间造成误会，常常会说出一些让别人感到惊讶的话语，做出一些怪异的行为举止，从而导致尴尬或难堪场面的出现。为了缓和这种局面，我们可以采用故意“误会”的办法，装作不明白或故意不理睬他们言语行为的真实含义，而从善意的角度来做出有利于化解尴尬局面的解释，将局面朝有利于缓和的方向引导。

你以为的说话直，可能是情商低

说话的方式多种多样：直言快语、含蓄委婉、咄咄逼人等。既然说话的方式如此之多，说话时，就应该适时地改变说话的态度、方法、语气，把话说得像美丽的服饰一样种类繁多、色彩鲜艳，为自己的魅力值加分。

但是，生活中有很多人总是说："我这人说话直，你别介意啊。"这就属于不会说话，而且没有认识到自身的根本问题：说话直并不意味着不能好好说话，而是情商比较低，不愿意改变说话方式。

思思的丈夫和芳芳的丈夫在同一家公司上班，又因为两家人住得近，年龄也差不多大，所以有什么活动都是两家一起进行。

有一次，思思和芳芳一起去打保龄球。但是，芳芳是初学者，球艺自然不行。思思出于好心，便当教练教起对方来。思思是个心直口快的女人，喜欢有什么说什么。在教芳芳打球的过程中，如果芳芳的球没打好，她张嘴就说“真臭”“你怎么这么笨”之类的话。

这让芳芳非常生气，她说：“你说话可不可以含蓄点？”“什么含蓄，你笨就笨嘛，还不让人说了，真是的！”就这样，两个人弄得十分不愉快。回家后，二人又添油加醋向各自的丈夫抱怨了对方一通，让他们在公司见面时也感到很尴尬。

思思其实并没有恶意，但是因为她不懂得说话的方式，结果是“好心办错事”，让两家也闹得不愉快。如果思思懂得说话的技巧，在教芳芳打球时注意语气和措辞，就不会造成这样的结果了。由此可知，不会说话，对生活和工作的影响有多大。

有时候，语言就是一个人的门面。一个人是否真的有气质，是否真的优雅，并不体现在外表上，而是体现在内在上，而向别人展示你内在的途径之一就是说话。

李先生去沈阳出差，就遇到过这么一件事。李先生下飞机后提着大包小包走出了机场。由于他只顾寻找接他的朋友，东张西望，一不小心撞在了一个行人的身上。那个人长得膀大腰圆，被撞后睁大两眼瞪着李先生，怒气冲冲地吼道：“你干吗？没长眼睛吗？”

听着对方的话，李先生心里很不高兴，刚想“回敬”两句，转念又想，算了算了，他不文明，我不能不礼貌，吵几句又能怎样？搞不好麻烦会更大。想到这，李先生连连道歉，说道：“实在对不起，我着急找人，真不是故意的，请多包涵。”简单的几句话，却说得那个人也没脾气了，只好看了李先生一眼，径直走了。

直言直语不是一把可以披荆斩棘的开山斧。我们可以试想一下，如果当时李先生直言快语，以不敬还不敬，以不礼貌对不礼貌，结局恐怕就是另外的样子了。因此，我们说话时，应该让自己的语言含蓄一些，不要冒犯别人。否则，刺伤别人后，也会害到自己。

言语可以是蜜糖，让人听了心里舒服；言语又能变成一把刀，刺得人心里流血。直言直语的人容易让人感到不悦，甚至心生报复；而说话含蓄的人则会使人心生好感。那么，我们应该怎么说话，才会让别人喜欢我们呢？

1.说话前要三思。

我们不应该以“心直口快”为荣，而应该学会“三思”。说话之前，先问自己三个问题：我这样说好吗？别人听了感觉如何？会对我产生什么样的影响？如果你真正弄明白了这三个问题，就会避免许多无谓的纷争。

2.说话时站在别人的角度思考。

真正懂得体谅别人的人会在说话前就做到换位思考，会以别人的角度来思考问题。这样在说话时自然而然地就会收敛，也可最大可能地避免对别人造成伤害。

3.选择好的表达方式。

比如，一个人运动细胞好，却不适合做精细活，会说话的人就会夸奖对方“体格棒”；一个人腰腹比较胖，但是腿比较细，懂得说话的人就会夸奖对方的腿，而不是揪着对方的“游泳圈”不放。

说话直并不是你不会好好说话的借口，只要注意以上三点，相信你就能跟别人愉快地沟通了。

面对挑衅时，
动怒是最差的反击

遇到有人故意找碴儿、出言挑衅的时候，该怎么办？容易想到的是对方有毛病、很讨厌，随即心里的怒火也烧起来，胆子小的生一顿闷气，胆子大的直接就跟人家吵架、打斗。其实，不管是生闷气还是吵一架，都是跳进了对方的“陷阱”。你赢了输了并不重要，在那几分钟或长达几个月的冲突期里，原本安稳平和的步调被打乱，你只能以对方为中心活着。

被激起怒意的人分辨力会下降，理智与自控力也会丧失，肾上腺素大量分泌，注意力向着冲突的焦点集中，很难再顾及其他重要的事情。如此一来，最直接的恶果就是自己沉浸在负面情绪中难以自拔，还有可能成为骗子们设局的目标。

小方和小飞夫妻俩进城打工七八年，终于用攒下的积蓄在

城里开了一家小小的手机店，平时小方看店，小飞去上货，夫妻搭配，把小店运营得很好。除了卖手机，小飞还会维修手机，再兼卖一点零碎周边、配件产品，生意红红火火，日子也过得很好。

开过店的人都知道，有一种人是所有小老板都又怕又恨的，那就是贼。遇到小偷“光顾”，若偷的是手机挂绳、手机壳、保护膜等小配件时，损失可能也就几十元；被偷的如果是手机，一下可能损失几千元甚至上万元，几天都赚不回损失的钱。小方和小飞平常也很注意保安防范，还给每台样机都安装了防盗弹簧链，但是这天他们还是掉进了窃贼设下的局，损失了两部最新款手机。

周三的上午店里一般没什么顾客来，小飞去找其他卖手机的小店主打牌聊天，小方自己留在店里，一边看连续剧一边照看生意。

这时，前后有四位顾客走进了店里，先进来的是个中年男人，穿金戴银，一看就是位有钱的老板。他进来就要小方给他拿一黑一白两部手机，说是要给闺女和儿子一人买一个，小方有些为难地说，柜台上有样机，新品都在柜台里，不能拆开包装看。

那个老板有些不乐意，他掏出一摞人民币“啪”地摔在柜台上，对小方说：“妹子，你是觉得我买不起吗？我今儿肯定买，要不你先把钱收了，我看东西没问题就拿走。”这时候，又进来了一个贼眉鼠眼的小青年，染着五颜六色的头发，叼着根烟，一下就引起了小方的注意。她看那个老板把钱都掏出来了，这个大买卖不能放过，便给他拿了两个手机，转而去招呼刚进来的男青年。

那个男青年问了几个小方没听说过的手机型号，见店里都没有，就骂骂咧咧起来。小方还没来得及跟他理论，从门口又进来一对小情侣，那个女的一进门就把一个手机摔在小方面前，开口就骂："无良奸商！修手机时动手脚，我这新买的机子被他们家整坏了！老公，就是这个奸商婆子！"

小方从没见过这个女人，也没见小飞修过她的这部手机，便解释道："这位小姐，您是不是记错店铺了，我们家没有为您修理过这部手机。"

那个男青年见小方"不认账"，冲过来就推搡她，嘴里还不干不净地骂着。旁边那个流里流气的小青年看这对情侣一唱一和骂得欢，也凑过来搭腔："我就说这家店不正规，问什么型号都没有，原来是家专门骗人的黑店，这种店，谁来谁倒霉啊！"

小方又急又气，心想，就算真是自己丈夫把他们的手机修坏了，大不了赔她一个，至于堵在店里骂得这么难听吗？她在外闯荡多年，能开起自己的店，自认也不是什么柔弱女子，看对方欺人太甚，她也火了，一边跟那个女顾客拉拉扯扯一边对骂。也不知怎么的，从店里就打到了店外，几分钟后那对情侣落败，喊着：“你给我等着！”小方终于出了胸中一口恶气，心想，跟我碰瓷，也不看看我姓方的是什么人物，怎么可能受你们欺负！

回到店里，小方喘着气走进柜台里面，坐定了、消气了，才突然想起刚才那个要买两部手机的顾客，可那人早就不见了踪影，跟他一起消失的还有那两部价值不菲的新手机。

小方的遭遇在许多连偷带骗的治安和刑事案件中很有典型性，通过攻击对方的情绪，扰乱其心智，让被挑衅的人失去冷静的判断，从而犯下低级的错误，这种方法说小了叫“手段”，说大了就是“诡计”。被骗的人起初还只是因为莫名其妙被找碴儿而生气，之后发现更大的损失时就会像被一盆凉水从头浇到脚，会更愤怒、更崩溃，但受害者却很少能及时反省。如果在被挑衅之初能不急不躁，冷静处置，是不是就能避免更大的损失？

愤怒的情绪在女店主的脑海里盘旋，她刚刚很激烈地与人争吵过，那让她心跳加快，血压升高，甚至头疼。结束了争吵，她猛然惊醒，原来由于自己的不小心，丢失了大额商品，对自己的负面评价瞬间占据了她的思维，懊恼、羞愧、委屈及丈夫的责骂持续困扰着她。

遭到挑衅就立刻还击，别人凶，你更凶，带来的恶果就是：

1.完全失控。

失去理智、控制力，把自己变成一个“疯子”；失去判断力、知觉力，把自己变成一个“傻子”。

2. 被牵着鼻子走。

远离平和与安乐，被人牵着鼻子走向他们设置的“地狱”，看见有人乖乖往别人挖好的坑里跳时，你会觉得很可笑，其实愤怒还击时，你就在做同样的事情。

3. 很难全身而退。

掉进坑里容易，再想爬出来可就难了，毕竟争吵是双向的，“杀敌一千，自损八百”，别指望你能全身而退。情绪被负能量浸染后，在一段时间内都会保持消极的色彩，自己难受，亲友也跟着遭殃。

听众唱反调，必须清醒应对

在演说中，你可能会遇到各种突发情况。比如，在你阐述完自己的观点，调动起听众的情绪后，他们可能会产生自己的想法。如果他们的想法刚好跟你的相左，他们可能会当场反驳你，当众跟你唱反调。

这个时候，一定不能紧张。因为一旦紧张，听众的唱反调就会扰乱你的思绪。那应该怎样做呢？你要微笑着聆听听众的想法，以示对他们的尊重。在这个过程中，你还要抓住对方的话语漏洞，想出应对之策。

一般来说，唱反调的听众分为两种：一种是真心想与你探讨观点的人；另一种是单纯想挑战你的权威的人。你首先要分析他们究竟是属于哪一种人。

如果是前者，那么在交流时，你一定要迅速找出双方观点的不同之处。找出不同点后怎么做呢？你可以将这个不同点作为自己演说内容的扩充。如此，在接下来的演说中，你既可以做到尊重听众的想法，又可以增加演说的论点，既化解了矛盾，又提高了演说的质量。

而对于后者，你则需要用一种尖锐的幽默来化解矛盾。既要有自己的气势，又不能让现场变得剑拔弩张。

据说，苏联诗人马雅可夫斯基口才了得，流传着不少关于他的辩才的幽默故事。在一次演说大会上，诗人马雅可夫斯基做了一场精彩的演说。在演说过程中，一个听众忽然挤到演说台上，大声吵嚷："我提醒你，拿破仑有一句名言——从伟大崇高到荒谬可笑，其间只相差一步。"

这时候，马雅可夫斯基既没有惊慌，也没有后退，而是微笑着对那个听众说："不错，从伟大崇高到荒谬可笑，其间只相差一步。"此时马雅可夫斯基和那个听众之间的距离，正好是一步。现场其他听众一目了然，全场一片哄笑声，掌声雷动。

马雅可夫斯基用这样幽默机智的方式化解了一场即将发生的干戈。

无论是哪类听众唱反调，我们一定不能输了气场。因为作为全局的掌控者，我们必须成为现场气氛的调和者，必须坚定地站在听众面前，而不是被听众牵着鼻子走。

在这里，要强调一下：如果听众只是提出自己的不同观点，而不是蓄意挑衅，那就一定要柔和对待。否则，听众会心生反感，我们的演说也会受到影响。演说的目的是获得听众认同感，在不能得到听众的认同时，无论我们如何反驳，都处于被动地位。即便我们的观点正确，与听众的争论，也会影响原本和谐的氛围。也许争到最后，听众会拂袖而去也未可知。

所以，柔和对待是最佳应对策略。我们可以顺着听众的观点，找出其中不成立的地方，微笑着提出不同看法。记住：不要奢望听众的观点完全跟我们的相同。很多时候，他们的观点也许更加精彩。认真听取听众的意见，用心思考，耐心解答，对我们来说也是一种进步。万一解答不了，微笑着要求私下讨论，也不失为一种好策略。

其实在大多数时候，我们是可以迅速而巧妙地化解这种唱反调的尴尬局面的。这种应对能力也是演说者所必备的素质。演说者需要思维敏捷，临场发挥能力出众。把可能发生的矛盾消弭于无形之中，是演说者的最高境界。

据说，昆虫学家法布尔曾为了养家糊口，不得不在创作之余做些零工，比如打扫庭院、担任家庭教师等。因为这个原因，有些人看不起他。

有一次，有个报社记者采访法布尔，当众刁难他。报社记者知道法布尔当时经常帮房东打扫庭院，就问道：“法布尔先生，您身为著名的昆虫学家，为什么还要帮人打扫庭院呢？听说您还做过家教？这些零工不太适合您吧？我认为，您还是应该把所有时间都用在研究上！”

众目睽睽下，法布尔被人批评，却一点儿没有生气，而是微笑着说：“亲爱的记者先生，您的意思是不让奶牛吃草，却要奶牛把所有时间和精力都放在产奶上？您要知道，奶牛不吃草料是不可能挤出牛奶的。对我来说，生活是草，创作是牛奶，而打扫庭院、做家教这些工作都是我的生活，没有生活我又怎么创作呢？所以，为了创作，我还是会继续做这样的工作！”

周围的听众鼓起掌来。

可见，在演说中，巧妙的回答往往能起到绝佳的效果。

1.微笑回答。

任何争执、逃避，都可能给听众留下不良印象。我们可以用巧妙的语言，微笑着予以反击。很多时候，回个软钉子，反而能让唱反调的人不知所措。

2.相信自己，保持清醒。

演说台上总会发生各种意外。怕什么呢？以不变应万变。保持清醒的大脑，所有的问题就不再是问题了。

很多时候，通过巧妙处理，听众的唱反调行为还可以被我们利用，成为活跃现场气氛的工具。

用反问的方式回应别人的挑衅

从人类出现开始，人与人之间的关系就非常复杂。有些时候，人与人之间的关系是友好和渴望互相合作的；但有些时候，人与人之间的关系是针锋相对，甚至尖锐到想要让对方难堪的。因此，有时候我们不得不面对一些挑衅。我们很多时候需要守住“不主动挑衅别人，但是也不畏惧任何人的挑衅”的底线。“自卫反击”让对方不敢再挑衅是我们要达成的目标。那么，要以什么样的方式面对挑衅呢？

反问其实就是回应挑衅的最佳方式。以反问回应挑衅，不仅能将尴尬的难题抛给对方，让对方站在你的立场上进行思考，反思自己的所作所为究竟是不是正确的，反思自己的立场是否能够站得住脚。一旦带乱对方的节奏，就会使其陷入逻辑混乱的状态，从而让自己避免陷入尴尬状况。不过如何反问也是一种技巧，并不是谁都能够掌握的，而且这对于使用者本身的能力也有一定的要求。下面，我们就来说几种以反问回应的方式。

1. 原话反问，让其反省。

这是用在对方挑衅你、指责你的时候，让对方看看自己的行为是否合适。

小文是某科技网站的编辑，经常评测一些电子产品。如今，电子产品已经成为家家户户必不可少的东西，特别是很多年轻人都有自己喜欢的品牌，是某个或一些品牌的粉丝。而小文在进行评测的时候，难免就会对其中一些产品做出负面评价，所以遭遇这些品牌的粉丝攻击也就成了家常便饭。

一次，小文在评测了某品牌耳机的样品之后，该品牌粉丝攻击道："没有拿到成品，也就是说还没有彻底了解这款产品，这个评测一点儿都不客观，你该是收了竞争对手的钱吧？"

小文忍无可忍地反问道："您对我也没有彻底的了解，就对我做出了评价，是不是也收了竞争对手的钱呢？"对方不服气地说："我有言论自由的权利，我没有骂人，想说什么就说什么。"小文再次反问："难道我就没有言论自由了吗？"遭到小文的两次反击以后，对方再也没有挑衅过。

这个时候其实这个主动发起挑衅的人已经陷入了逻辑混乱——如果他否定小文的观点，那么也就间接否定了自己的观点，于是只能灰溜溜地闭嘴了。

2.巧妙类比，让对方闭嘴。

类比是人们常用的修辞方法。在小学的时候，每个人都会在语文课上学习相关的知识。

世界上总有一些让人不满意的事。作为一名消费者，在厂商夸大其词，或者没有兑现承诺的时候，难免会有些微词。可一旦有人表示批评，就会有其他人表示："人家已经很不容易了，即便没有兑现承诺，也不应该受到这样的批评！""说得这么好，你怎么不去生产呢？"……面对这些说法，人们想出了无数经典回答："难道我嫌鸡蛋不好吃，还要自己去下蛋？""我觉得我家的空调制冷不行，我要先去学制冷？"

无论是一个人、一个团体，还是一家公司，在表现得不尽如人意的时候，总是难免会受到批评。批评者未必要在这一领域达到他所要求的高度，因为每个人的社会分工都是不同的。

3.让对方来回答问题。

挑衅别人的人，往往自己并没有击败对方的能力，拿不出比对方更好的方案。如果有，也不必使用挑衅的手段来打击对方，可以直接去做。例如，在一次会议上，你拿出了一个方案，却遭到竞争对手的挑衅，你大可以反问他说："那么对这个问题，你有什么更好的方法吗？"相信在这个时候，对方并不是胸有成竹的，就算勉强拿出一个方案，也必然存在着缺点，所以你想要击败对方也不是太难的事情。对方可以从你的方案中找到不足，你同样也可以。

被人挑衅是一件非常令人窝火的事情。我们适时地将问题抛还给对方，既能避免自己尴尬，又能给对方一个教训，这是一个非常高明的回应套路。

盛怒之下
更要注意自己的言语

友情、亲情和爱情，是人类美好的情感体验，构成了人与人之间的亲密关系。拥有成熟亲密关系的人，生活更幸福，内心更充实，更容易感知周遭的正能量，更少感到忧郁和孤独。

若问什么样的人擅长建立持久的亲密关系？你可能会想到，那些人都是善良、热情、慷慨、温柔的好人；也可能想到，他们都是有心计、知进退、懂礼节的聪明人。这些都不假，那么什么样的人最难维持持久的亲密关系呢？与刚才提到的那些人相反，内心险恶、斤斤计较、内向冷淡、不懂怎么讨人欢心、脾气不太好的人是不是必然就易伤害亲密关系呢？

消极的性格确实会给亲密关系的构建带来困难，但并不一定会导致易伤害亲密的家人、友人和伴侣，因为在长时间的共处和交往中，这类性格的人也能找到自己的幸福，俗话说“萝卜青菜，各有所爱”就是这个道理。真正能起到“一击必杀”效果的恶习其实是——口不择言，出口伤人。

胡佳是个热情豪爽的妹子，优点很多，比如聪明、勤快、上进、多才多艺等。可惜，脾气急是对她生活工作影响最大的缺点，她脾气一急起来便口无遮拦，这也给她的生活造成了很多麻烦，让她很难和周围的同学、同事变成更进一步的好朋友。

大学时代，胡佳跟同宿舍一个叫张玫的女同学关系很不错，两人都是大大咧咧的直肠子，平时一起上课，一起吃饭，也一起出去逛街，友情像一棵小树苗那样慢慢长大，但这份美好的友情却因为一件小事彻底终结了。

这还要从张玫的身世说起，张玫是个苦孩子，她很小的时候母亲因为嫌弃她父亲穷，带着她的哥哥改嫁到外乡了，从此杳无音信。张玫的爸爸受了极大的刺激，进城打工常年不回家。她跟着年迈的爷爷奶奶一起生活，懂事要强的小张玫没有因为失去父母的爱而放弃努力，她经受着一般孩子难以想象的苦难，在繁重劳动之外还刻苦学习，最终以优异的成绩考进了城里的大学。她很珍惜自己和胡佳的友情，把胡佳当作姐姐一样信赖。

情人节这天，胡佳的男友送给胡佳一个非常精致的八音盒，她把这个价格不菲的宝贝放在宿舍，抱着一大束红玫瑰就跟男友出去吃甜蜜晚餐了，吃完饭俩人又去KTV通宵唱歌，到了第二天早晨才意犹未尽地返回宿舍。

打开门进到宿舍，舍友们都出去吃早饭了。胡佳忍着强烈的困意，想再摆弄一下那个没来得及细看的八音盒，却发现走时放在桌上的八音盒不见了。她环视四周，发现八音盒就躺在张玫的床上，她想一定是张玫拿去玩了，便走过去想拿回来。但她拿起来才发现，八音盒已经损坏了，明显是被摔过。精致的玻璃表层被摔碎了，里面的簧片和木头都摔了出来，她轻轻一提，那些破碎的部分就哗啦啦掉落在张玫的床上。胡佳感觉自己的脑袋嗡的一下，怒火冲上头顶，她真想立刻把张玫揪出来大骂一顿。

正在这时，张玫和其他四个女孩吃完早饭都回到了宿舍，一进门就看见胡佳抱着八音盒的残骸坐在自己床上。她快步走过去似乎想解释什么，但胡佳突然狠狠地将八音盒的残骸砸向她脚下。这一扔吓呆了在场的其他人。

紧接着，胡佳声色俱厉地对张玫吼道："你的家人没教过你别人的东西不能随便动，是不是？我怎么得罪你了，你要把它摔坏？你知道这个八音盒是多少钱买的吗？这是我男朋友从法国给我买的，摔坏了你赔得起吗？我真没想到你是这种忘恩负义的人！从今天起，我胡佳不认识你张玫！"

她话音刚落，站在一旁的李娜就冲上来说："胡佳你瞎说什么呢！八音盒不是玫玫弄坏的啊！隔壁宿舍的张珍昨晚上过来找你，见你不在就拿起这个八音盒玩，失手摔在了地上。当时玫玫人都不在宿舍，后来她回来了打着手电找了一个小时才把所有的碎片捡回来，她想给你拼上，你这么说她，你……你才是忘恩负义！”

胡佳张大了嘴巴愣在原地，她想喊张玫，却看见张玫满脸的泪水和悲伤欲绝的表情。张玫没有说话，转身走出宿舍，其他女孩都跟着她出去了，留下脑袋昏昏沉沉的胡佳站在原地。看着满地八音盒的碎片，她知道自己犯了无法挽回的大错，比法国八音盒更珍贵的友情就在她的暴怒中碎掉了。

人在盛怒之下最本真的条件反射就是尽量用重话、狠话来攻击对方，舌头柔软无骨，却能说出比利剑钢刀更伤人的语言。如果放任这种破坏性冲动，对激烈的负面情绪不加克制，说出去的话就如泼出去的水，覆水难收，恶语造成的伤害不可能通过一句“对不起”轻易抚平。

人际交往中，别人喜欢或者讨厌你，跟你亲近还是疏远，是由你的社交水平、品位及为人处世的方法所决定的。也许你是个外表靓丽的人，你学识渊博、能言善辩、谈吐不凡，可是仅仅拥有这些，也不一定让你成为一个受欢迎的人。

因词不达意、语言尖刻，抑或“刀子嘴豆腐心”而惹人生厌者比比皆是，不管你本身是个多么好的人，得到一段长久的亲密关系都比登天还难。

为避免出口伤人损害与他人的亲密关系，你必须做到：

1.杜绝语言暴力。

说话前三思而后“语”，别拿“心直口快”当优点，想到什么说什么的是婴幼儿，成年人应该有最基本的加工、修饰语言的能力，那不是虚伪，而是懂得尊重和保护他人的教养。

2.盛怒之下先闭嘴。

如果，在气头上的时候你根本无暇顾及什么该说什么不该说，那就干脆闭上嘴巴，离开让你情绪崩溃的场所，做些别的事，不管什么事，尽管去做。越是激烈的负面情绪越难以长时间停留在峰值上，过一会儿你就会平静下来，冷静了再去解决问题。没有人喜欢脾气暴躁、说话难听的人，如果你有这些弱点，希望你能尽早改正。

3.不要扯涉及对方隐私的事。

出于信任，一些人跟你分享了他们心中深藏的秘密，那等于是将一把尖刀交在了你手上，珍重这份信任，绝不要用这把刀攻击对方，除非你是真的决定断绝你们的关系。

面对刁钻问题，这样回应最巧妙

在演说时，我们经常会遇到一些特殊的听众。

为什么说他们特殊呢？因为，他们经常会不断地提出一些刁钻古怪的问题，让我们措手不及。当然，他们也许并非故意为难我们，只是有的人喜欢刨根问底，有的人喜欢标新立异，仅此而已。

不过，那些刁钻古怪的问题确实会让我们头痛。

假如在演说的过程中，我们碰巧遇到这种状况，通常的解决方法是：保持风度，不要因为与听众据理力争而忘记所在的场合，以及自己演说者的身份。我们的行为，必须与演说者的身份相匹配。而听众们也往往更喜欢礼貌谦和、以君子之风待人的演说者。

对演说者来说，遇到听众提出刁钻古怪的问题的情况总是在所难免，所以不必为此担心。无论听众是故意刁难还是真的有不同观点，只要学会巧妙应对，就不会影响到演说的效果。当然了，如果不会巧妙应对，那么遇到这种情况时，演说者可能就会很难堪了。

有位同事，在参加员工大会时，因为被评选为优秀员工，所以应邀上台做了一个简短的演说。那是他第一次登台演说，不免有些紧张不安，更糟糕的是，演说进行到一半时，一个和他一起竞选优秀员工却失败的同事因为心生妒忌，突然发难。

那位同事问："你觉得自己有资格被评为优秀员工吗？"

台上的演说者瞬间愣住了，脸涨得通红，不知如何回答这个问题。而台下的其他同事也都愣住了，他们望着演说者，静悄悄地等着他的回答。这时候，演说者更加紧张了，他憋了半天，最后只能语气生硬地回了一句："我能不能拿奖，不是我说了算，也不是你说了算！"

这个回答能有什么用呢？它显然不具备任何说服力。更糟糕的是，这还影响到了演说者接下来的发挥。

这就是不能巧妙应对刁难问题的痛苦——往往一个无关紧要的问题就能让演说者难堪。所以，演说者一定要把应对刁钻古怪的问题当成必修课，学会用自己的方法，化危机于无形。

那么面对刁钻古怪的问题，我们要如何回答才能做到恰到好处呢？

1. 快速判断出这个问题的属性。

如果这个问题与演说主题以及现场听众无关，那么就可以礼貌地告诉对方，演说完之后可以私下讨论，不能耽误其他听众的时间。一般来说，这种处理方式最为稳妥，现场听众也都能理解和支持。如果提的问题与演说主题有关，但在演说者专业领域之外，演说者完全没有涉足过，那怎么办呢？有些演说者会认为，如果演说时承认“不知道”，那么听众就会失望，演说效果会大打折扣，所以他们经常会以装懂的态度来忽悠听众。这其实是一种最笨的临场反应。如果不懂，要真诚地告诉听众自己知道什么，不知道什么，听众会谅解的。另外，真诚对待听众，也是一种礼貌。

2.借力打力，集思广益。

演说者可以先真诚鼓励提问的听众，然后让其针对自己提出的问题，说说个人见解。这样一来，演说者就可以很轻松地用借力的方法，把这个难题给抛回去。演说者还可以用转移法。在听众提出刁钻的问题后，演说者可以先说明一下这个问题的新意，然后询问现场听众谁愿意就此问题分享自己的看法。如此既能活跃现场气氛，也能为自己争取思考时间。

如果这些方法都不管用，提刁钻问题的听众还是纠缠不清，一直重复提问，那演说者可以这样做：告诉他，很欣赏他的勇气，但时间有限，可以留下联系方式，私底下交流，不要影响演说。其实，听众的问题有多刁钻并不重要，重要的是演说者要怎样将这些问题灵活妙用，调动起演说现场的气氛。

为什么大家都讨厌没有包容心的人

“包容”这个词，能体现出一个人的格局。当一个人把周遭其他人的冒犯理解为无心之失时，对他而言，不管是难听的语言还是攻击性的行为，都不会带来任何伤害，所以他会把世界上细微的善意放大，充分汲取其中的正能量。而一个多疑、敏感、小肚鸡肠的人，不会放过一丝一毫恶意，把自己变成了一台收集负面情绪的“吸尘器”，折磨自己，也困扰他人。

依珊的丈夫钟旭是一家大型医药公司的大区主管，收入丰厚，身边的人大都羡慕依珊，但也有人在背地里嚼舌根，说些很难听的话讽刺依珊是个贪财的女人。这是有原因的，钟旭并不是初婚，在迎娶依珊之前，他曾有过两段短暂的婚姻，第一任妻子还给他生了一个女儿。也就是说，比钟旭年轻9岁的依珊嫁给他后就成了一个7岁小女孩的“后妈”，加上钟家有千万家产，不由得让人怀疑她的动机。

依珊实际是怎么想的呢？她比任何人都清楚自己跟钟旭结婚后将要面临的难题，但她的心告诉她，两个人之间的感情不假，在一起的默契与幸福不假，她能感觉到钟旭对第三次结婚的顾虑，也隐隐担忧跟没有血缘关系的女儿相处不好。但爱情将两个人推到了这一步，依珊不愿意退缩，也不舍得放手。

结婚之初，钟旭大部分时间都在忙工作，依珊则一边朝九晚五地上班，一边在家里照顾婆婆和女儿。钟旭的父亲早亡，他的母亲含辛茹苦地将他抚养长大，一个人赚钱供他读书成才，在钟旭能够独立赚钱养家后，母亲就一直跟他住在一起，这也是让第一任妻子始终难以接受的地方。后来因不堪忍受如此“紧密”的婆媳关系，第一任钟夫人抛下丈夫和年幼的女儿另觅他人。

依珊第一次听钟旭说起母亲辛劳凄苦的前半生，就对这位坚强的老妇人产生了敬意，她是真心觉得就算钟旭没有对她提出跟婆婆一起生活的请求，她也会主动要求把老人接过来好好照顾，让她安度晚年。

而钟旭的第二任妻子之所以跟他结婚没满一年就离他而去，主要就是因为钟旭那个人小鬼大的宝贝女儿。自小失去母爱的小姑娘，比同龄人更多一分叛逆和防备。依珊对这个浑身是刺的女儿并没有急于亲近，她开诚布公地跟钟旭谈过许多次，后妈能给予孩子的关爱永远无法与生身母亲相比，她愿意努力去接纳这个与她没有血缘关系的孩子，但不会为了讨好她而卑微纵容。

最初与这一老一小接触，依珊着实感觉压力巨大，这两人是除了自己之外与丈夫关系最亲最近的女人，对她客气中透着排斥，礼貌中充满冷淡。每每被她们“冷暴力”攻击，依珊的心就会疼，也会觉得委屈失落，但是每每看见丈夫拖着疲惫的身体回家还要对着她小心翼翼地试探，生怕她也会突然翻脸甩手离开，她就想到两人当初决定在一起时自己的誓言。这个被人看作有着钢筋铁骨的男人，实际上有非常脆弱敏感的内心，为了获得一份简单的爱情，他竟像个无助的孩子那样左右为难、如履薄冰。

结婚以后，依珊没有跟婆婆有过一次争执，也没有因为女儿的小脾气跟丈夫抱怨、告状，她比一般的儿媳更孝敬，比一般的母亲更细心，生活中许多不如意在她的包容下化为乌有。

人心都是肉长的，在一起相处久了，婆婆感动于她的谦和贤惠，跟她比跟自己儿子还亲；女儿慢慢长大，在她的教育和培养下越来越成熟懂事，对她的称呼也从“哎”“阿姨”变成了“妈妈”，还红着脸问她能不能跟爸爸再生一个小弟弟或者小妹妹。

依珊过着很多女人羡慕的阔绰生活，拥有一个不仅把财富与她分享，更把自己的心交给她的“优质丈夫”。重要的是她并不是人前光鲜得意，背后“血泪涟涟”，她拥有发自内心的快乐和满足，自己过得好，也引导着亲近的人共享她积极情绪的正能量，相互接纳，相互包容，这种幸福是实实在在的。

让一个人拥有旺盛生命力的源泉是快乐，而快乐的源泉是满足感。人类的知觉有它自己的“口味”，心宽的人感知事物的重点集中在积极情绪上，而刻薄的人则会不自觉地忽视那些美好的信号，专盯着别人的不足和错误去深究，跟着愤怒，跟着烦躁，更有甚者还会恶化为睚眦必报，把大量的精力耗费在与人斗上。

要想成为一个包容的人，你必须先学会换位思考：

1.控制情绪。

就算心里别扭了，也别挂在脸上，更别轻易耍脾气、闹别扭，在伤到对方之前，首先承受负能量的是你自己，任何情绪的毒药都不是全无代价就能产生的。

2.假设并无恶意。

亲友之间不存在仇怨，在任何时候都要假设对方并无恶意，发生冲突时绝对不要说“你这种人原本就……”，没有什么人原本就一定是怎么样的，除非你坚持把对方定义为十恶不赦，那是你自己的问题。

第二章

说话要走心，一句能顶一万句

说话的首要目的
是让对方轻松听懂

说话，本身是一件非常简单的事情。每个健全的人都会说话，这是嘴巴最重要的功能之一。但是，说话如今被人们赋予了越来越重要的含义，说话这件事情中也掺杂了许多目的性，这就让说话这件事情变得复杂了起来。太过复杂的想法，让很多人忘记了说话本来的意义。说话本来的意义是让对方明白你的想法，与对方交换思想、意见，而你首先要做的，是让对方听懂你说的话。

很多时候，说话其实主要是为了让对方更好地了解我们。但是有的人完全不顾对方能否听懂自己所说的话，话里话外添加了很多不必要的内容，这样就失去了交流的意义。

陈祥是一家大型家电商城的销售员。他为了做好自己的工作，翻看了大量资料，成了店里有名的“电器通”。对自己负责销售的每款家电，他都能如数家珍地讲出这款家电使用了什么样的硬件，用了怎样的技术，与同类产品相比有什么优缺点。但令他苦恼的是，他的销售业绩一直不好。为了改变这种情况，他决定向其他业绩较好的同事取经。一天，他接待了一位女士。这位女士想要给家里更换一台新的电视机，于是就向陈祥咨询自己看中的那款电视机好不好，有没有性价比更高的产品。

陈祥是这样为这位女士介绍的：“这位女士，您可真有眼光，您看中的这款电视是当下最流行的智能电视，只要联上家里的Wi-Fi，就能够使用Android（安卓）系统下载大量应用软件，收看您所喜欢的节目。并且，这款电视支持最新的USB传输，以及DLNA（数字生活网络联盟）技术，能够满足您的各种需求。特别是这块屏幕，采用了2048×1080的分辨率，一定能保证您的观看体验。”那位女士听完了陈祥的话后，一脸疑惑地走向了陈祥的一位同事。

面对一款价格、配置都差不多的电视，陈祥的同事是这样为这位女士介绍的：“您看中的这款电视是今年的最新款，当下最流行的智能电视，只要联上家里的无线网，想看什么都能看到，和手机差不多是一样的。还可以播放U盘里下载好的影视资源，以及用手机软件投屏，在手机上播放电视剧，点一下‘TV’按钮，就能在电视上看了。并且，这款电视的分辨率很高，保证您观看到的画面清晰细致。”听完陈祥同事的话，该女士当即就决定买下这款电视。

那么，陈祥的问题出在哪里呢？显然不是因为他不够专业，相反，他太过专业了，导致说出的专业词汇对方听不懂。面对这种情况，他说的话越专业，越让消费者产生疑惑。

那么，我们要如何才能让对方听懂我们所表达的意思呢？

1.讲话要有主题。

一般情况下，我们讲话都是有目的性的，漫无目的地讲话，只能让对方一头雾水。如果你要说的内容很多，那么就必须掌握好谈话的节奏，有主题地说出主要内容。比如，将大段话分成几个小段，每个小段围绕一个中心思想阐述，并且中间要有停顿，给对方思考和互动的时间。一旦你掌握了这种谈话的技巧，那么你的长篇大论不仅不会显得无聊，反而会引起对方的兴趣，让对方听得津津有味。

2.在谈话过程中使用的语句要仔细斟酌。

在我们谈论自己所了解的事情时，总是会理所当然地认为对方也了解我们所说的事情，会自然而然地说出很多专业性的名词。事实上，即便是你认为非常基础的东西，对这一方面无丝毫了解的对方也可能听得云里雾里。所以，在谈论一些比较专业的话题时，不妨将一些专业性词汇用大家都能懂的词语替换。因为很多时候不需要专业，只需要让对方能够听懂。就如同陈祥的同事一样，讲述更口语化，这样更贴近生活，也更加容易让对方明白你想要表达的内容。

3. 交流方式要因人而异。

虽然有些话并不适合说得过于直白，但是如果你委婉地表达以后，对方仍然不明白，那么不妨说得稍微直接一点儿。如果始终采用非常委婉的方式表达，对方还是不能明白，甚至有时候，对方因为不想让你发现他听不懂你说的话，开始不懂装懂，那么谈话就失去了意义，双方都不会有任何收获。

说话是一件非常简单的事情，但是想要达成说话的目的却不是一件容易的事情。不管你想要通过说话达成什么样的目的，都要记住：对话最基本的目的就是让对方听懂。如果对方听不懂你说的话，那么再优美、再专业的表达都毫无意义。

赞美也要走心，否则适得其反

很多不善于沟通的人，总是有类似的苦恼：他人总是有一种戒备心理，与自己保持着一定的距离。正是这份距离感，让沟通变得困难起来。那么如何让对方消除戒心，拉近彼此之间的距离，实现高效沟通呢？

事实上，世界上最具魅力的语言就是赞美。只要你懂得适当地赞美他人，让对方感到愉悦、舒坦，那么就可以拉近彼此的距离，使得双方的关系向前迈进一大步。

生活中，有很多善于赞美他人，善于利用赞美赢得他人喜爱的人。正是因为他们深谙赞美的力量，所以能够成为人见人爱的人，成为高明的沟通者。

魏霞是一家服装店的老板，生意做了十几年，越做越红火，而且很多老顾客都成了她的朋友。每当别人问她生意好、人缘好的秘诀时，她都会笑着说：“很简单，那就是多给别人适当的赞美，多给他们面子，让他们觉得自己非常重要、非常出色。”

的确，在面对别人的时候，魏霞就是这么做的。每当有顾客进门时，她都会立即起身迎接，脸上带着灿烂的微笑，然后真诚地说：“欢迎光临。”当进门的顾客看到老板这么问候自己，肯定会觉得自己受到了重视和尊重，心中自然会非常愉快。

接下来，魏霞就会进一步赞美顾客，说：“你看起来真漂亮！”“你是我见过的最有气质的人！”当顾客试穿某一件衣服的时候，她会适时地赞美：“这件衣服穿在你身上非常漂亮！”“嗯，这件衣服穿在你身上才显得有价值！”“你的身材把这件衣服的优势都体现出来了！”

听了这样的话，哪一个顾客的心情会不愉悦呢？哪一个顾客会不愿意和她沟通呢？

但是我们不要觉得有赞美就足够了，事实上，魏霞绝不会胡乱给别人戴高帽儿，她会根据顾客的特点来进行由衷的赞美，比如，身材、气质、言谈、举止等。遇到身材比较普通的顾客，她便会赞美这位顾客皮肤白、温柔、比较爱笑……就是因为赞美得体，让每一个顾客的内心都得到了满足，所以魏霞的店铺才会赢得顾客的喜欢，生意才会越做越红火。

在生活中，有很多人也喜欢赞美他人，但是由于没有把握好赞美的原则，只会胡乱夸奖别人，所以不仅没有让对方心情愉快，反而起到了相反的作用。因此，在与人沟通时，我们要掌握赞美的原则，如此才能让自己的话发挥更好的作用。

总体来说，讨人欢心的赞美一般都遵循以下几个原则。

1. 面对不同的人，要采用不同的语言方式。

因为每个人的性格、生活习惯、身份有所不同，所以与人沟通的方式也存在着差异，我们要善于应变，对不同的人采取不同的赞美方式。

对于不同年龄的人，应该采取不一样的赞美方式：对于年纪比较大的人，应该多采取间接、委婉的赞美，千万不要太露骨；而对于年轻的人则可以采用直接、热情的赞美。

对于不同性格的人，赞美方式也应该有所差别：面对比较严肃、低调的人，赞美的话要说得自然、朴实，点到为止；而面对张扬、外向的人，则可尽情地赞美。

2. 由远及近，从外到内。

简单来说，就是先赞美这个人所处的环境，再一步步地推进目标，最后赞美这个人本身。这样一来，赞美才不会显得突兀，才能让对方更自然、轻松地接受。

比如赞美一个医生的时候，我们应该先赞美医生这一职业的伟大、高尚，赞美他们救死扶伤的精神，再赞美这个医生为所在医院做出的突出贡献，以及在业内的高超水平，最后赞美他的能力。

3. 态度必须诚恳。

不管我们面前的人是谁，也不管我们要赞美他哪一方面的优势，态度必须诚恳，感情必须真挚。否则，即使你赞美的语言再华丽，也无法起到好的作用，反而会招来对方的反感。

某位哲人曾说过：“大多数人选择朋友都是以对方是否出于真诚而决定的。”如果你想要赢得对方的信任和欢迎，就应该诚心实意地赞美对方，而不是虚假地恭维。

总之，想要高效沟通，拉近与交谈对象之间的距离，我们就要尽量地灵活起来，多说几句赞美的话。不过要记住一句话：掌握赞美的原则，得体又恰当的赞美才能改善双方的人际关系。

为别人打圆场的人最贴心

当人们由于一时的糊涂或不小心，而让自己或别人陷入一种尴尬的境地时，心里肯定会感到非常难堪、紧张，甚至会紧张到忘记了如何说话、办事，恨不得有个地缝儿能让自己钻进去。所以，这时如果有人肯主动出来帮助解围，当事人必然心生感激。

比如，一家服装公司因为产品出现了质量问题，有很多经销商堵在公司门口，希望能找到经理要个说法。当地记者知道这件事后，也纷纷到该公司进行采访。大家都被堵在公司门口，进不去。

后来，正巧经理秘书丁晓云路过此地，被别人认了出来，于是记者和经销商就向她询问情况。丁晓云本来害怕自己承担责任，正打算让记者们去找经理时，突然转念想：这是一个机会，一个展现自己的最佳时机！她得挺身而出，维护领导的面子和威信。

于是，丁晓云改了主意，邀请了几位记者和经销商代表来公司会议室面谈，并对他们说：“发生这样的事情，我们公司真的感到很抱歉！我们领导非常重视，已经去下面的工厂寻找原因和补救措施了，好几天都没有回过公司了。请大家放心，一旦有结果，我们领导肯定会给大家一个说法的。”

这件事后来得到了很好的控制，丁晓云也维护了自家领导的面子和公司的荣誉。虽然事后领导明面上并没有表示什么，但是他心中有数，不久之后，“护驾有功”的丁晓云被提拔为公关部的经理。这件事值得我们深思，如果当时丁晓云没有担当或没有眼力见儿，让记者们直接去找领导了，肯定会让领导感到很尴尬，也就没有后来的机会了。

所以，遇到类似的情况，不管与我们是否有关，如果我们能帮别人一把，就不要退缩，因为不知道什么时候我们就会需要别人的帮助。当然，我们在帮助别人打圆场时，也要注意一个问题，就是要做到不偏不倚，要让双方都觉得我们没有任何的偏向。否则，我们的圆场恐怕就是火上浇油，还不如不说。

章女士是一家川菜馆的老板。一次，一位中年妇女点了辣子鸡丁。可是，由于菜比较辣，又有些烫，这位女士呛着了，拼命地咳嗽了一下。结果，和她拼桌的对面的顾客火了，“呼”地站了起来吼道：“你怎么回事？咳嗽了我一脸，我还要不要吃饭了？”

中年妇女难堪不已，赶紧向对方赔礼道歉。待自己缓过神儿来后，又马上对着老板章女士喊道：“你们的辣椒怎么这么辣？我明明说过少放辣椒的，你干吗还放这么多辣椒？”章女士听后马上询问伙计，伙计很委屈，说他并没有放多少辣椒。

不过，章女士还是赶紧打圆场，对着厨房大手一挥：“算啦！再重新给这两位顾客炒个菜，饭钱都免啦！”顾客这才平静下来，表示接受。

我们一定要记住，打圆场的目的是消弭怨气，而不是让气氛越来越尴尬。虽然化解尴尬、怒气的方法有千百种，但是具体选择用什么方法为别人打圆场是因人而异的，也要视当时的具体情境而定。

1.转移话题。

当尴尬的话题出现时，如果是由于自己说话不当造成的，就应该及时住口，并试着改说一些轻松愉悦的话题，但是不要转移得太生硬；如果是对方引起的尴尬，就应该大度一点，不要计较对方的一时口误，同时也可以试着转移话题，扭转这种尴尬的局面。

2.给予正面、精彩的回击。

如果你碰到别人故意挑衅，这时候就不是转移话题这么简单了，因为这样做只会让对方更加得意，显得自己比较懦弱。最正确的做法是，给予对方正面的回击，在保全自己尊严的前提下，又能灭对方的威风。

3. 用温婉的语气来化解怒气。

面对别人的怒火、有心刁难，无论当时的争吵有多激烈、气氛有多尴尬，聪明人在打圆场时都会注意自己的语气和措辞，尽量让自己说出口的话是一个灭火器，而不是导火索，或者是加大火势的汽油。

总之，每个人都有自己的“雷区”，懂得说话的人在说话时会尽量避免触及这些话题。无论何时，在开口前都会把要说的话在脑子里过一遍，以免徒增悔恨。

嘴甜的人，到哪儿都不吃亏

我们要想了解一个陌生人，需要观察对方的言行举止。你所说的话，实际上就是在向别人展示自己。一个懂得说话的人，展现在别人面前的就是自己最好的一面；而一个总是口出恶言的人，就算心地善良也会让人远离他。一句美好的话语，可以拉近两个陌生人之间的距离；一句伤人的话语，可以瞬间摧毁友谊的桥梁，在彼此之间筑起一道坚硬的壁垒。

正因如此，许多父母从孩子幼年时期开始，就会教育他们在与人见面时，要先开口礼貌地问好。毕竟嘴甜的人，不管到了哪里都会给人留下良好的印象。有一点无论对孩子还是成年人都很适用：嘴甜的孩子总是更惹人喜爱，而嘴甜的成年人也更能在社会中“混”得开。

小江是个很有才气的女孩，同时也颇有些清高。她毕业进入职场后没什么改变，所以和公司同事的关系一直不冷不热。

和小江一起进入公司的女孩甜甜则不然。她是个非常活泼热情的人，逢人都是一张笑脸、几句夸赞，才进入公司没几天就和同事们混熟了。

每次听到甜甜夸王姐的新衣服漂亮，夸李哥最近的健身很有成效，小江都会在心里不屑，撇撇嘴嘀咕一声“虚伪”。可偏偏就是这种小江看不上的“虚伪”，非常受大家欢迎。最让小江难以接受的是，就连总板着脸训人的部门经理也会对甜甜另眼相看。

到了年底，公司决定在今年新入职的员工里评选最优秀的新员工。由于小江和甜甜的业绩不相上下，于是公司决定由同事们进行投票。最终的结果自然不言而喻。

憋了一肚子气的小江打电话向闺密吐槽甜甜，等她发泄完情绪之后，闺密疑惑地问小江：“这个甜甜的工作能力和你比怎么样？”

小江回答说：“这次的业绩我俩并列第一。”

闺密顿了顿，接着说：“她工作能力和你差不多，又比你嘴甜会说话，领导更器重她，同事更喜欢她，难道不是很正常的事吗？”

是啊，你想想，假如你有两个朋友：一个每次见你都热情地打招呼，发自内心地称赞你；另一个总是不冷不热，甚至有时还可能出言不逊。这样的两个人，你会更喜欢谁？答案显而易见。

每个人都希望被尊重、被重视，谁也不愿意自己总是热脸贴别人的冷屁股。人们都喜欢和嘴甜的人打交道，因为他们总能让人感觉到自己被尊重、被关注。这就和老话说的“伸手不打笑脸人”是一个道理。

小江总觉得甜甜“虚伪”，但就像小江闺密说的那样，甜甜的工作能力不差，又比小江更会说话，是办公室里的开心果，那么小江又有什么资格去要求别人喜欢她胜过喜欢甜甜呢？而且，嘴甜并不是虚伪或谄媚，而是一种对他人的热情与尊重。当你习惯用美好的语言与别人交流的时候，除了能够带给对方愉悦以外，自己的内心也会愈加美好，久而久之，你也会变得积极开朗起来。

其实，想要成为一个嘴甜的人并不难，只要注意以下几点，你的“甜度”一定会有所提升。

1.见面主动打招呼。

见到人先开口打招呼，这是基本的礼貌，同时也是向对方表达善意和亲近对方的一种方式。不管你面对的是熟人还是陌生人，先开口打招呼总是不会出错的。如果一时之间你不确定应该如何称呼对方，那么就直接说一句“您好”也是非常礼貌的。

2.说对方喜欢听的话。

在和别人聊天时，根据对方的真实想法，说一些对方喜欢听的话，而不是一味地说自己想说的话。我们要想得到对方的欣赏，在谈话时就要注意对方的感受，按着对方的喜好来进行交谈，和对方讨论一些他懂得最多、最感兴趣的事物。这样，我们才能顺利走进对方的内心，和对方成为朋友。

3. 说话一定要走心。

嘴甜不等于油嘴滑舌。油嘴滑舌的人总喜欢说谄媚的话，显得一点儿都不真诚。但嘴甜的人不同，他们所说的每一句话都是发自内心的赞美。所以，如果你想要改变自己，让自己招人喜欢，就得学会发现别人身上的优点，学会用心去赞美别人。

称呼错了，说话的机会就没了

我们与人交流时，称呼往往是说出的第一句话，同时也是踏入社交大门的通行证。称呼得当，是尊重对方的一种表现，同时也是为我们赢得印象分的开始。尤其是在面对陌生人时，你对他的称呼是否得当，直接影响了对方对你的第一印象。

有这样一个故事。

黄昏时分，大山里，一个年轻人正骑着马赶路，眼见天已经快黑了，却不知道前方有没有可以歇息的地方。

正在年轻人焦急万分的时候，他突然看到前方一位老人家正牵着牛慢悠悠地走着。年轻人赶紧过去，冲着老人家喊道：“喂，老头儿！前头有没有可以住宿的客店？”

听到年轻人的话，老人家很不高兴，斜着眼瞥了年轻人一眼，淡淡地吐出两个字："五里。"

年轻人一听，心想：原来五里路之外就有客店，那倒是也不远，今夜终于可以睡个好觉啦！于是他便策马狂奔而去，想赶紧到客店吃饭、休息。

年轻人一口气骑马跑了十余里路，别说客店了，周围连半个人影都没有，朝远处眺望，依然是一片荒山。年轻人心中甚是恼怒，不由得开始咒骂路上遇到的老头儿，觉得那人是故意耍自己的。

骂着骂着，年轻人突然顿住了，脑子灵光一闪，刚才那老人家说的"五里"，不正是"无礼"的谐音吗？回想刚才自己对老人家说的话，年轻人这才明白过来，那老人家刚才是故意教训自己呢！

想通了这些，年轻人顿时觉得懊恼不已，为自己的行为感到羞愧。他赶紧掉转马头，打算回去向那位老人家道歉。

再见到老人家，年轻人赶紧翻身下马，带着几分歉意地喊了声："老大爷……"

这一回，还不等年轻人说什么，老人家就已经亲切地对他说道："行了行了，你今晚想找到客店是不可能了。若是不嫌弃，我家倒是可以招待你一夜。"

别小看一个小小的称呼，它可以直接反映出你对他人的态度。当年轻人毫无礼貌地称呼老人家为"老头儿"时，老人家对年轻人自然也不会有什么好感，更别说帮助他了；而当年轻人意识到自己的错误，亲切地称呼老人家为“老大爷”时，老人家对待年轻人的态度自然就有了转变。

称呼是“礼”的开始，也是人与人建立关系的开始。当你以充满善意和礼貌的称呼与对方打交道时，对方自然也会报以同样的善意与礼貌；相反，如果你一开始就没有尊重对方，那么对方同样不会给你什么好脸色。

所以，情商高的人都懂得如何从称呼开始就打动别人，让对方感觉到快乐和温暖，从而留下一个好印象。而那些情商低的人却常常得罪了别人还不自知，甚至可能因称呼的问题而白白葬送了自己的机会。

那么，怎样选择合适的称呼呢？总结起来，有以下几个原则。

1.根据场合判断。

场合是判断称呼是否恰当的第一因素。如在本单位，同事关系比较亲密，就可以直呼其名，私下里还可以用昵称。但是在公司以外的工作场合，同事之间就不能随便用昵称，而要称呼对方的姓氏加职位。这样才能把对方在公司的职位，承担什么责任等信息准确有效地传递给别人。

在多人场合，称呼要注意主次。宜以先长后幼、先上后下、先疏后亲、先女士后先生的顺序称呼。

在日常生活中，我们称呼自己的亲人为爸、妈、弟、妹等，而对外，我们要根据不同的情况采取谦称，如“家父”“家母”“舍弟”等；对他人的亲属，应采用敬称，如“令堂”“尊兄”“令爱”“令郎”等。

2. 根据年龄判断。

这点很好把握。比如年轻的，称小姐、小妹、先生；对于年长些的，称女士、夫人、太太、大嫂、阿姨、奶奶、叔叔、伯伯、大爷、爷爷等。当然这里最重要的是要考虑对方的心理。俗话说：“逢人短命，遇货添钱。”意思就是说：对于别人的年龄，要少说几岁；对于人家买的东西，要往贵了说。

3. 根据关系的亲疏判断。

如果是关系比较亲近的，可以直呼其名，或叫小名、绰号、雅号更显亲昵，这时，“小王”“老赵”这类称呼都不算失礼。若关系较远的就要用姓氏加上先生、小姐等正式称呼，或者加上职业、职位。对于完全陌生的一些服务人员为了让对方感觉亲切，也不妨用些非正式的称呼，如称呼出租车司机为“司机大哥 / 大姐”等。

4. 根据职业、职位判断。

不同的职业、职位，也有不同的称呼。如对医护人员称“大夫”“护士”，对公职人员称“同志”，对教师称“老师”。或在职位前冠以姓氏，如“康总”“高处长”等。

无论我们怎样称呼他人，关键是要传递出这样的信息：你很重要，我很重视你。

所以，永远别小看称呼这回事，寥寥几个字，可能会影响你和别人之间的情分。

明白对方的喜好，让聊天更有温度

如果你想拓宽自己的人脉，首先要能跟别人聊得来，让别人觉得和你很投缘。即便是有选择性地与人打交道，你想与君子交朋友，不见得君子也愿意与你有交情。因此，打开话匣子才是最关键的。

刚进公司第一天，小欧就赶上了办公室聚餐。她怯生生地入了座，看到大家谈笑风生，也想融进去，因为只要和这些人搞好了关系，尤其是部门主管，那以后的日子就好过多了。

小欧先是不动声色地坐着，有人和她说话，她就微笑回应；有人给她敬酒，她就连忙站起来，爽快地喝，给足面子。

终于，过了一会儿，她打算主动出击，融入这个团体。

首先，她选择从身边一个打扮时尚，似乎在部门里地位不一般的女同事开始。她目不转睛地看着这位女同事说：“哇，李姐，你的妆化得超好的，超精致的。”

“是吗？呵呵，瞎化的。我看你化得也很不错啊。”

“哪里，比你差远了。你看我的眼睫毛，刷了跟没刷一样，白费工夫。我感觉你的刷出来比较浓密，关键还自然有型，也不知道是技术问题还是我用错了牌子，感觉老是刷不好睫毛。”

“可能两方面都有吧，一来是牌子，二来也要技术好，我这个牌子虽然是朋友送的，说是网购的国外品牌，但我觉得和我买的国内的一些牌子用着差不多。”

“那就是你的技术好了，给传授传授呗。要不我周一上班时，把化妆品拿过来，你帮我看看是哪儿有问题，然后再教我一些技巧行吗？不知会不会占用你的休息时间？”

“这倒不会，我也是自己琢磨着来的。那行，周一我就传授你一些个人经验。”

于是，没一会儿工夫，两人就熟了。

坐在小欧另一边的小陈是办公室里为数不多的两个男性中长得比较有型的一个。此时只见他拿着一款数码相机，这里拍拍，那里拍拍，然后还时不时地自拍一下。

于是，小欧便说：“你喜欢电子产品吗？”

“还行吧，男人嘛，不是喜欢电子产品就是电子游戏，也就这点爱好。”面对小欧的主动攀谈，小陈显得有些不知所措。

“哦，我也喜欢这一类，我听说升级到第九版了，只是现在官方下载不下来，我身边的朋友也没有……”

“看来是个玩家啊，这个我有，回头我给你复制一份。”对方大概一听小欧也是个玩家，于是热情了起来。

“真的吗？那真是太感谢你了。”小欧个人倒是很少玩，只是平时常看自己的男朋友玩，所以也顺带着玩一玩。至于升级到哪一版了，也不是她常常关注，而是听男朋友偶尔提起来的。

正说话间，小欧隐隐地听到小陈旁边的那个女同事趴在主管的耳朵边上在说悄悄话，而且内容好像是在说自己，从一些不连贯的词语中，小欧理解的信息是，这个女同事在说自己这位新来的，又是研究化妆，又是爱打电玩，心思全没用在工作上，工作要是这么勤奋就好了。

而且坐这么远的自己都听到了，更何况是别人。小欧顿时有些气愤，自己没招她、没惹她，她怎么能这么在领导面前诋毁自己。小欧既想替自己辩驳，又不能辩驳，因为那岂不是告诉所有人，自己是个“偷听鬼”？

新进入一家公司，除了要认认真真地工作、谦卑虚心地学习，更要搞好同事间的关系，这有利于塑造和谐的工作气氛，更有利于自身的发展。

显然，小欧是深知这一点的。因此，她利用上班第一天就碰到的一场聚餐，努力融入群体，从每个人身上寻找突破口。

看到身边的女同事爱化妆，她便主动向对方请教化妆技巧；看到身边的男同事爱电子产品和电玩，她便主动和对方聊起相关话题……这的确容易让人产生“投缘感”。

但为什么会有一个并不熟识的女同事要这么针对小欧呢？原因可能有以下几种：

第一，小欧广结善缘让那名女同事看不惯，感觉像是在“拉帮结派”，所以同事可能怕她日后在办公室混得太好，抢了自己的风头。

第二，触了“隐婚男女”的礁石。很多公司都不允许发展办公室恋情，更有一些公司一旦发现便勒令开除其中一个甚至是全都开除，因此，为了“既谈恋爱，又不丢工作”，难免会有一些人在办公室玩起了“潜伏”，表面装得像普通同事，下班后可能回的是一个家。

如果小欧主动攀谈的男同事小陈是针对她的女同事的男朋友或者是暗恋对象的话，会出现这样的情况就不难理解了。

综合来说，小欧的做法是值得学习的，尤其是从一些人表现出来的特征来对这个人进行评估，从而介入这个人的兴趣当中，这样自然让彼此之间“有话可聊”。

那么，遇到像小欧这样的情况，应该怎么做才能挽回局面呢？

绝对不要发火。这是处理问题的底线，在此基础上才能保持理智，有效地处理好问题。

保持微笑。这样一来，如果对方是因为某些不好宣之于口的理由而对自己不满也大可放心了，因为你表现出来的是想要一个一个地和同事尽快熟识的意愿与目的。

总的来说，当你以新人的身份融入一个团体时，需要注意以下两点：

1. 一视同仁。

不可表现得过于“博爱”，一会儿表现得和这个谈得来，一会儿表现得和那个谈得来，这样会使之前谈得来的朋友觉得“自己不是最受你重视，也不是你觉得最投缘的人”，因而对你的好感也会减弱。

2. 男女有别。

对同性，热情要加倍；对异性，要适度，不可显得过于谄媚。

打动人心，要以换位思考的方式说话

只为自己考虑，不为他人着想，这样的人格局是很小的。在人际交往中，格局大的人都懂得将心比心，能够设身处地做换位思考，这是达成理解不可缺少的心理机制。

在世间行走，我们不仅要向内看到自己的需求，更要向外关注他人的感受，那不是一种奉献，更不是吃亏，而是从根本上对自己的保护和帮助。只有学会站在对方的立场体验和思考问题，才能在情感上得到沟通，减少矛盾分歧，奠定相互理解和接纳的基础，最终有利于问题的解决和目的的达成。

贾跃是一个热衷网购的人，经历了中国网购从兴起到兴盛的整个发展过程。要是以他每月的成交量和消费量来看，他绝对算得上是中国几大网上商城的超级客户。

网购方便快捷，好处很多，但有时候也会遇到买不好的情况，退换货操作起来比较麻烦。随着网商的运营越来越成熟，越来越专业化，对消费者的保障日趋完善，连退换货也不再是什么难事，唯一困扰贾跃这种“铁杆网购狂”的问题就是快递不够快了。加上贾跃他们家的情况有点特殊——他家位于一个老旧小区的板式居民楼里，小楼一共6层，他家住顶层，因为是比较老旧的建筑，楼层也不高，当初设计时就没有装电梯。这也是贾跃偏爱网购的一个重要原因，6层说高不高，但扛着大包小包往上爬可真不轻松。

自从网络上也有了超市，贾跃的购物范围又拓宽了，柴、米、油、盐、酱、醋、茶，什么都在网上买，特别是瓶装饮用水、果汁饮料和啤酒，以往都是从超市零散地买，现在网上买整箱还有折扣，可把他乐坏了。尤其是到了夏天这个需要大量饮品的季节，他鼠标轻轻一点，坐在家里就能等着吃的喝的上门，当天下单，次日到货，又快又省心。

但是这样买了几次之后，贾跃注意到给他们家送货的快递小哥态度越来越差了，之前还笑呵呵地让他签收，后来把东西狠狠撂下，话都不多说一句，脸上明显有不高兴的表情。

虽说贾跃买的是商品，不是快递员的笑脸，但快递员每次都带着情绪送货，让他非常不自在，为此他还打了售后服务电话投诉那位快递员，快递公司对快递员进行了调换。

那人第一次给贾跃送货，就口气不善地对他说：“你们这儿没有电梯，干吗一次买这么多东西，你这一单我们送上来只能挣3块钱，要不你拆成几单买，让我们也赚一些，真快累死了。”

贾跃嘴上哼哼哈哈地应承着，心里却暗想：“多下几单？我要不凑够一定钱数就不能享受满额折扣，不是为了凑单得实惠，我还不至于买这么多呢，管你送货赚多少钱，你就是干这行的，还不想受累搬东西，有本事别送快递啊。”

贾跃一如既往地在网上成箱买啤酒、饮料，跟快递员之间的不愉快时时惹他不爽，却也只能忍着，直到有一天，贾跃自己做了一回“快递员”，才彻底改变了他的想法和态度。

贾跃所在的公司是私企，他是老板的助理，免不了在工作之外为老板做些私人事务。这天，老板从外面打电话给他，跟他说自己车里有些酒水饮料，让他赶紧开车给老板娘送过去，那边急着用。

贾跃拿着老板的车钥匙，开着车就到了老板家楼下，停好车打开后备厢，他可傻了眼，一箱可乐，一箱啤酒，还有红酒四瓶，橙汁、椰汁、酸枣汁两大兜，矿泉水两箱。这样的量，基本赶上他每次网购的数量了，贾跃在老板娘的催促下搬着这一大堆东西往老板家走。因为东西太多，一次肯定拿不了，他只好先拿几样走几步，回来再搬几样，换着往前挪。

到了楼下他终于明白老板为什么支使他帮忙送一趟了，老板家这个楼的电梯停机检修，贾跃只能扛着东西爬到7层。他气喘吁吁，一层一层搬上去，汗湿了衬衫，手腕都快断了。

敲开老板家房门，老板娘让他把东西都搬进屋里，之后轻描淡写说一句“谢谢啊，你赶紧回去吧”，就关上了房门。

贾跃皱着眉头，一言不发地下楼开车，他不是因为老板娘的态度生气，而是想到了那些给自己家送货的快递员，他们脸上的表情，与其说是“态度恶劣”，不如说是对贾跃无声的埋怨。

己所不欲，勿施于人。酸痛的肩膀和满头大汗告诉他，他错了。虽然在买卖行为上挑不出毛病，但他的良心知道，自己不顾别人感受，还总要脾气投诉快递员，简直是个讨厌的自私鬼。

换位思考，低层次要做到的就是一碗水端平，对人对己同一标准，不能一味地对别人高标准、严要求，甚至是苛求，只要一点不满足自己，不管人家是不是有困难有苦衷，就视作仇敌，不给好脸。高层次则是宽对人、严对己，对别人做得不到位的事情，该提出来的就提出来，如果无伤大雅，则提都不用提；察觉到有什么隐情，还应主动帮助别人，广结善缘。

有时候一些觉得忍不了的事，在了解了前因后果之后，就变得很好理解了，别人为什么迟到？别人为什么说话不算数？别人为什么没有提供让你满意的服务或者商品？在发怒和指责之前，多问一句为什么，就能免去很多事后的麻烦和悔恨。

同一件事，如果换作是你，处在对方的位置上，是不是就一定能做得比人家周到，是不是就能满足所有人的要求？如果不能，你又有什么理由揪着别人的言行不放，还总觉得自己吃了亏？

谁也没有逼你去体会他人的感受，但不会换位思考的人会被看作：

1. 自私鬼。

在诸多性格上的缺点中，最让人难以忍受的就是这一点。某婚恋机构对6000位适婚年龄的单身男女进行的调查显示，婚恋对象性格特征中最不能被接受的一点就是自私自利，以自我为中心。自私的人走到哪里都不受欢迎。

2. 惹事精。

明明是一两句话就能解决的事，最后发展成大吵大闹、大打出手，甚至闹出人命，因为只想到自己，不管别人怎么样，自认为被冒犯了，吃亏了，就要报复回来，那样的“混世魔王”，人人避之唯恐不及。

3. 受气包。

因为对自己的感受太过关注，自己的所失所得都被无限放大，活在自己世界里的人很容易产生负面情绪波动，别人的死活他们不介意，他们的喜悲却要求别人放在心上，想想也知道不可能，所以总在难受，总在愤怒，迟早要憋出病来。

同样的问题，在你看来是小事，在别人看来可能就是大事，学会换位思考，是高格局的体现，更能让你在社交中给别人留下好印象。

幽默也有高下之分，你要认真学

无数成功学和人际交往方面的专家，都不厌其烦地向人们强调幽默在人际交往中的重要性。但很多情商低的人，其实都没有真正分清幽默与滑稽之间的区别，更有甚者，总是干着如跳梁小丑般哗众取宠的事，却还自以为幽默。

幽默的内涵是聪明、睿智，是渊博的知识储备和机敏灵巧的应对。幽默不是呆板式的搞笑，更不是俗套式的扮丑，而是一种在不经意间就能让你忍俊不禁，笑完后又回味无穷的哲理与思考，这才是幽默的意义。

有这样两个故事，我们可以来对比一下。

我家附近有一家小旅店，已经开了有些年头，价格非常便宜，但装修不是太上档次。最近，由于连日下雨，小旅店的一些客房出现了漏雨的情况，墙皮有不同程度的剥落。

旅店的一位房客很不幸就入住了一间有漏水情况的客房。他很不高兴，便找来老板很生气地说：“你快来瞧瞧那个房间，不知道的还以为我住的是水帘洞呢！这让我怎么住……”

老板的小旅店走的是便宜实惠路线，而且房间虽然确实存在漏水的情况，但其实并没有房客说得那么夸张。更重要的是，房间基本上都已经订出去了，旅店没有多余的房间换给客人。于是，老板只能满脸同情地拍拍客人的肩膀，安慰道：“您就不要再埋怨啦，要知道，这个价位的房间，也只能漏水了，漏不了葡萄酒哇！”

无独有偶，另一位住店的房客也因为房间漏水的问题向前来收拾房间的服务员抱怨。服务员瞥了一眼房客，说：“舍得花钱就能去对面富丽堂皇的大酒店住了，保证什么都不会漏。”

房客一听这话十分愤怒，与服务员大吵了一架，还在网站上给了这家旅店差评。

虽然老板和服务员都是想表达同样一个意思：房费便宜，所以房间条件也就只能如此了。但显然，老板的话语更加委婉幽默，客人即便不满也不至于会真的生气；服务员则不同，他的话里满满都是对房客的讽刺，显得滑稽又小气，让房客原本就很坏的心情变得更加糟糕了。

幽默是一种智慧，也是一种技巧，不是靠依样画葫芦就能学来的。学识与智慧是生产幽默的“原材料”，如果没有这些东西，只靠生搬硬套，那么结果注定只能是弄巧成拙。

在这里，给大家提几点建议，希望每个人在运用幽默的时候，能把握好尺度，别拉低自己的格调。

1. 别降低档次，把滑稽当幽默。

滑稽与幽默是有本质上的区别的，扮丑逗乐顶多能称为滑稽，远远称不上幽默。甚至有时候，扮丑逗乐这件事，把握不好尺度，反而会让人产生厌恶感，尤其是那些本身就带着恶意的扮丑行为。

2. 保持善意，摒弃嘲讽。

讽刺和幽默常常被人们相提并论，这其实也不难理解，毕竟这一对“好兄弟”常常携手上阵。但即便是再亲近的“兄弟”，也是存在差异的，讽刺和幽默同样如此。如果失去了善意，那么这种带着幽默的讽刺便只是嘲讽，哪怕把话说得再巧妙，也改变不了它恶意的本质。

3. 别太刻薄，宽容待人。

一个总是贬低别人，说话尖酸刻薄的人，不管走到哪里，都是很难受到别人的欢迎的。幽默与刻薄本就不是“一路人”，幽默是一种圆融的智慧，是人与人之间有效的润滑剂。一个懂得幽默的人要有一颗豁达、宽容的心，这样才能自然而然地以幽默的心态来看待分歧、争端等。否则，只是言辞幽默而内心却斤斤计较，那对方听来也会感到刺耳。

说话因人而异，世界会对你温柔

和不同的人沟通，要采取不同的方式，只有这样，才能把话说到对方心坎里，让对方接受我们的意见和看法。

在现实生活中，有一些人对“说话要因人而异”这一观点有着比较偏激的认知，觉得这是一种圆滑和虚伪的表现，并不值得提倡。但如果你能设身处地地想一想，就会明白，这何尝不是对他人的一种尊重呢？如果为了自己的“直爽”，就毫不考虑别人的感受，想什么说什么，这样的行为岂不是太过自私？

说话因人而异，这是与人交流沟通的一项重要技巧，同时也体现了一个人的社交能力、学识修养以及处世态度。在生活中，其实有很多语言表达能力优秀，却总是不受欢迎、人缘不佳的人，很大一部分原因是他们总是以自我为中心，说话、做事从不考虑他人的心情。这样的人或许非常耿直，但同时也很难获得别人的好感。

小刘进入理发行业已经三年多了，在师父的教导和自己的努力下，已经练就了一身本领。虽然小刘勤奋又能干，但他的业绩却一直不是很好，顾客对他的评价也非常一般，甚至还比不上技术远远不如他的新人小关。

对此小刘一度感到很苦恼，他把烦恼向师父倾诉之后，师父便建议他多看看小关平时都是怎么和顾客打交道的。

有一回，小关的一位顾客理完发之后，一边照镜子一边皱着眉头说道："这头发留得太长了些吧！"

一旁的小刘听到之后，便暗暗观察小关的反应。只见小关笑眯眯地走到顾客身后，礼貌地说道："先生，稍微留长一些更符合您的气质，显得比较含蓄，藏而不露，短了就没这样的效果了。"

听完这话，顾客紧皱的眉头舒展开来，脸上露出了满意的笑容，开心地说道："这么说倒也有道理。"

还有一回，小关的一位顾客理完发之后，照着镜子不甚满意地抱怨道："这剪得也太短了，这么短太难看了啊！"

小关则解释道："先生，短一些显得精神。您五官比较立体，留得短一些更有男人味，让人一看就感觉您精明干练，精英范儿十足。"

听了这话，顾客自己也越看越满意，高高兴兴地走了。

在观察了小关几天之后，小刘终于明白为什么小关总能讨得顾客的欢心了。看来，要想在这服务行业做好，不仅要磨炼技术，还要学会如何说话，如何与顾客打交道。

从小刘和小关的经历就能看到，说话这件事，还真是门值得深究的艺术。那些懂得说话的艺术的人，懂得因人而异地说话的人，无论走到哪里，都能拥有好人缘。

真正做到会说话，会因人而异地说话也不是一件简单的事情。我们必须加强自身的学识和修养，才能针对不同的人说出不同的话，将话说到对方心坎里去。通常来说，我们可以从以下几个方面考虑。

1.年龄差异。

面对不同年龄段的人，沟通的方式也应有所不同。通常来说，与年轻人沟通，可以多采用一些富有激情的语言，这样与年轻人的个性会更加相符；如果是与中年人沟通，则应该以理性的语言为主，分析清楚利害得失，以供对方斟酌；如果沟通对象是老年人，则要记住展现出你对对方的尊重，记得使用敬语。

2.职业差异。

与从事不同职业的人沟通，也应当使用不同的方式。比如可以根据职业类型的不同，尽量在沟通中加入一些对方所从事职业的相关知识或话题，这样才能够大大提升对方对我们的信任感和好感度。

3. 性格差异。

与不同性格的人交流也有不同的沟通方式。比如和性格直爽的人交流，单刀直入会让对方更有好感；而如果和性格稳重的人交流，则应讲求“慢工出细活”，在语言方面进行一些雕琢和修饰。

4. 文化、兴趣差异。

此外，谈话对象的文化程度和兴趣爱好也是非常重要的，只有摸清了对方的这些特点，我们才能更好地引出话题，进而与对方产生共鸣。

一位教育学家曾说过：“一个人的成功，15%取决于知识技能，另外的85%则取决于他与人沟通的能力。”可见，想要获得成功，就必须掌握与人交流和沟通的技巧和艺术，学会在面对不同人时，做到因人而异地与对方沟通交流。

第三章

轻松控场，让所有人都听你的

对自己说的话不负责，别人当然不想听

随便找一份招聘启事，就可以看见一个最基本的要求：认真负责；随便找一份自荐书，也会看到一个最常用的自我评价：认真负责。

可能因为说得太多，听得太多，这四个字的真实意义似乎已经变得非常模糊了，导致很多人在社交中都忘记了对自己说的话负责。

要知道，任何一个有格局的人，首先应该是一个有责任心的人。如果一个人总是习惯推卸责任，那么他说的话就没有任何分量，也就无法获得别人的认可。

王磊是某文化公司的新编辑，他入职之后，很喜欢问问题，可惜不到一周，领导就发现他“好问”不是因为“勤学”，而是……

“写一篇这样的文章行不行？”“做一个这样的选题行不行？”“这样改行不行？”……如果领导不表现出任何反感，王磊就会把工作中的所有问题都让领导替他解决；如果领导提出具体操作细节上的一些错误，他会立即说：“你以前说……而你现在又说……”

领导自然明白王磊的用意：他并不是不知道该怎么做，只是不愿意承担责任而已。

于是领导后来就反问他：“你觉得行不行？”

“行。”

“为什么？”

“因为……”王磊支吾了半天，一句话也没说到点子上。

“你的工作，你自己应该先考虑清楚，如果所有的事情都由我来决定，那公司招聘你来干吗？”在领导的观念中，优秀的员工会不断地在实践中摸索提高效率的方法，而王磊却没有这个能力；相反，他在另外一方面充分发挥了自己的“聪明才智”——推卸责任。可惜他不明白，这种招数等于告诉别人：“我很愚蠢！我很无能！千万别把工作任务交给我，我可担不起这个责任！”

不能向上级推卸责任了。怎么办？王磊早就有一整套方案。

有一次，王磊交上来一篇稿子。领导浏览了一下，发现了一个技术性错误，于是把王磊叫过来问是怎么回事。

领导本来并没有什么责备的意思，因为新人在开始工作之后很长一段时间内，都会不断地出现各种错误。领导的职责之一，就是帮助他们纠正错误。但是，王磊的回答却让领导注意到了更深层的问题。

“作者就是这样写的，我又不懂，哪知道他这个有问题？”

“那这篇稿子是谁初审的？”

“我。”

“初审要求达到什么标准？是否允许出现技术性错误？”

“……”

“那现在出了技术性错误，是谁的责任？”

“那个作者写成这样的，我根本不知道这个……”

“你的意思是说，这是作者的责任，我应该去找作者？”

“嗯。”

“好，这是作者出了错，我应该去找他。不过我想请问你一下：既然我已经跟作者直接沟通了，你所做的初审又不能保证稿件的质量，那么编辑部何必聘你来做编辑呢？”

如果某种习惯是一个人20多年来养成的，那么要在三个月之内改变，可能性确实不大。那些根深蒂固的思维、行为方式，经过王磊的“聪明才智”加工，总是能以各种巧妙的方法被应用到各种地方。

王磊的最后一项工作任务是参加并报道一个会议。结果，三天下来，他连一篇报道都没写好。

领导知道情况后，赶紧打电话给王磊，询问是怎么回事，得到的回答令人恼火："会场周围没有网吧，我拍的照片、写的新闻稿都没法发回公司。"而事实是，为了这次会议，公司已经准备了两个多月。会场没有灯光，没有讲台，没有桌椅，没有音响，没有宣传品……这些问题都由其他的工作小组解决了。而王磊，这位独当一面、负责现场新闻报道的编辑却在跟领导抱怨没有网吧。

解决问题，补救漏洞是当务之急。领导告诉王磊马上在家上网，把新闻稿和照片都发布了。第二天领导来到公司，上网一看，新闻只有三篇，照片只有两张。

王磊的解释是："那破相机老没电。"

不怪上级，不怪下级，当然更不能怪自己！嗯，那都是"月亮惹的祸"！上天安排的，没有网吧，相机没电，他有什么办法？

王磊也许就这样想着，于是在他还这样想着的时候，他被解聘了……

这就是职场中的伪聪明，要避免成为王磊这样的人，不妨从以下几点入手：

1.避免妄自揣测。

过多地揣测他人，甚至张扬、卖弄，不仅会让人觉得你不靠谱，还会让人产生反感情绪和戒心，不利于你职场人际关系的发展。

2. 对自己的言行负全责。

不要无所顾忌地对自己不甚了解的事情夸夸其谈，而要全面了解事物的各个方面，抓住事物的本质，有理有据地发表看法。

3. 只有在被问到时才提出建议。

不要随意自告奋勇，不要胡乱提出问题并指明不适之处，只需提出积极的解决方法。

心存偏见，怎么能愉快地聊天

心理学中有个“晕轮效应”，又称“光环效应”，指人们对他人的认知判断首先是根据个人的好恶得出的，再从这个判断推论出认知对象的其他品质。由这个看似深奥的心理学现象引起的最常见的行为就是——偏见。

错误的判断，盲目的推理，无知的肯定和否定，都是造成偏见的因素。

现实生活中，我们很难避免根据第一印象带来的直觉定义他人的倾向，与其说不能避免，不如说我们都习惯这样做，并把这当作帮我们处理复杂微妙的人际关系的“主观印象”，极少考虑自己的主观有可能滑向偏见一端的情况，以至于无法在偏激的情感中审视自己的观点和立场，造成误解和尴尬。

美食杂志主编白小林最近有点郁闷，郁闷的原因来自她办公室里新入职的一个实习生。

说起这个新人可真是了不得，她脸蛋漂亮，身材好，打扮时尚，学历高，上班第一天就开了一辆银色小跑车，开进杂志社的院子径直就停在社长的大吉普车旁边，踩着一双猩红色高跟鞋，袅袅婷婷走进办公楼。

进了大门，她来不及跟众位同事打招呼，先接起了电话，娇滴滴地说："靓女，又想我了？那今儿晚上你老公就归我使唤了，不把本小姐伺候好了他可休想回家……你们俩可不是欠我的嘛，行行，本宫的财力你是了解的，有的是票子，你自己在家乖乖的啊，少不了你的好处！"

也不知道电话那头是谁，她这边一口一个"本小姐"，一口一个"本宫"，笑得花枝乱颤，完全不管同事们满脸惊讶诧异、厌恶反感的表情。

挂了电话，她整理了一下头发，脆生生地又开了腔："你们好，我是新来的实习生，我叫李天娇，今天开始在这里上班，请问白小林白主编在吗？"

哎哟，好一个霸气外露的李天娇，白小林听见她打电话时那些不正经的话语，又见她这副千金小姐的尊容，心里说不出的别扭，初次见面又不好当面发作，只好冷着脸上前打了招呼。就这样，这个"天之骄女"加入了她的小组，成了她十分看不顺眼却又只能忍受的直接下属。

李天娇入职之后，白小林每天上班看见她就觉得碍眼，那明晃晃的金属耳环碍眼，那忽闪忽闪的大长假睫毛碍眼，那“咯噔咯噔”响个不停的高跟鞋碍眼，尤其是她每天跟那个所谓的“靓女”打电话时说的那些话，简直是又放肆又没家教。

在这种厌恶之情的驱使下，白小林不但没有好好指导李天娇学习如何接手新工作，反而对她冷嘲热讽、处处刁难，李天娇的日子过得苦不堪言。她也不明白自己是哪里得罪了这位前辈高人，不管她怎么认真工作努力表现，得到的结果不是一通训斥就是一声冷笑。总是拿热脸去贴冷屁股，她心里很委屈，关键是这位白大姐就像一块焐不暖的寒冰，任凭她卖力讨好，就是没用。

这天，李天娇终于忍不住跟白小林顶了嘴，她一边哭一边问白小林：“老师，您对我有什么不满有什么意见都可以直接对我说，为什么总对我这个态度，您说我是绣花枕头大草包，您说我是牙尖嘴利胸大无脑，这都不是批评了，这是人身攻击啊。我到底做错了什么，这么招您讨厌，您告诉我，我改还不行吗……”

白小林从没见过李天娇这副模样，看她哭得梨花带雨，突然觉得自己是有些过分，李天娇再怎么骄横跋扈，再怎么道德败坏，那都是工作之外的事，在工作时，她能力出众，也算勤恳负责，自己一直跟她较劲儿，欺负一个刚毕业的孩子实在没必要。想到这里，她心软了，安慰了李天娇几句，让她回去工作了。

自从那件事情发生之后，白小林开始注意自己的态度，有意识地调整自己看李天娇的眼光。这一注意，她还就真发现了让自己惭愧不已的真相——李天娇每天通电话调侃的那个“靓女”不是别人，正是她那人老心不老的母亲，而那个听起来与李天娇关系“龌龊”的男人，当然就是她的亲爹了。这样一来，别说是晚上跟他一起吃饭看电影，周末跟他一起登山郊游，就是买内衣内裤，关心睡眠如何、腰疼不疼，也一下清楚了。李天娇不是什么勾引别人老公的狐狸精，外表时尚的她是个孝顺的好女孩，跟开明时髦的父母之间关系很亲密。得知了这一点，白小林对李天娇的态度来了个一百八十度大转弯，也发现了这个年轻漂亮的女孩身上越来越多的闪光点，不仅把她当作左膀右臂委以重任，还把她当作妹妹一样照顾，两人变成了生活中的好友。

偏见带来的坏处总比好处多，因为从根源上讲它是根据片面、模糊、极端，甚至错误的知觉形成的。当一个人对某个人或团体持有偏见，就会对其产生一种不公平、不合理的消极否定态度，从而在情感、认知、动机等方面，贬低、误解、伤害对方。故事中白小林根据她以往的人生经历总结出的属于“坏女人”的刻板印象，仅凭第一次见面就把外表漂亮、打扮时尚、行为很“潮”的李天娇轻易划入“坏女人”的分类，进而“替天行道”一般地欺负她、刁难她。在白小林借工作问题发泄的怒火中，并不包含对事不对人的正常因素，更多的是“看她不顺眼”这种极为主观的理由，可想而知，这种人际摩擦对开展工作、提高效率有百害而无一利。

除了工作场所，极易出现偏见的地方就是相亲场所了。陌生的男女第一次见面前总会知道一些关于对方外貌、工作、收入的信息，见面后再加上第一眼“眼缘”基本就决定了对对方的态度，这时候抱有较严重偏见倾向的人就容易错失良缘，或者容易被某些善于伪装的对象迷惑。

避免因偏见伤人害己，你可以尝试这样做，看看对方的反应：

1.消除刻板印象。

不要轻易对人下定义，切忌主观认定某些人就是怎样的人。

2.增加平等的个人间的接触。

给彼此一个深入了解对方的机会，关注点不是外表，而是性格。

3.换个角度。

跳出日常相处环境，增加一些不同的合作场景，换个角度看对方。

任何沟通，
尊重都要放在第一位

人与人之间最舒适的交往，往往是建立在平等之上的。但现实是两个人的兴趣爱好、性格修养、社会地位往往不一样，这时候人与人之间的交往就要在相互尊重的前提下展开了。

尊重是不分身份与地位的，它体现了一个人最基本的修养。懂得尊重他人就是懂得主动去理解他人的感受，这也是一种高情商的表现。不论你与他人的沟通出于何种目的，尊重对方，都是一个正确的开始。

叶老板本是一家公司的底层管理人员，因为眼光还算不错，抓住商机拉到了投资，一下子扬眉吐气了。他离开了公司，自立门户，从一个默默无闻的底层管理人员摇身一变，成了一个老板。

公司人才济济，大项目一个接一个，一切都顺风顺水，叶老板也很快在业界出了名。可谁也想不到，一年半之后，叶老板却成了人人唯恐避之不及的存在，公司员工的流动性非常强，项目也开始逐渐跟不上了。

叶老板心里郁闷，就找来之前同在原来的公司效力的人事部同事诉苦：“你说说，一个个的没什么本事，在这么好的环境里还不好好努力，就想着混日子。现在的年轻人和咱们那个时候没法比，拿着工资在这么气派的办公楼里办公还不懂得知足，一个个就想着算计公司，没有一个真心为公司效力的！”

看着叶老板一脸愤懑的样子，前同事也不好说什么，只是劝他别生气，并对他说，大部分的员工都是拿工资干活的，不能要求所有的员工都和老板一样对公司负责任。为了转移叶老板的注意力，前同事劝他当务之急是多接一些项目，有助于缓解公司的窘境。可没想到一说到客户，叶老板更生气了。

叶老板气冲冲地说：“一个个什么都不懂，还在方案里挑来挑去。要是他们是专业的，还要我们做什么？说起他们我就来气，总把我的东西给改得面目全非。你不知道我们这帮自立门户的人的苦啊！原先我在公司上班的时候就羡慕你们人事部，我们业务部成天累死累活的，你们就往办公室里一待，什么压力都没有，多轻松啊！我今天也是不该跟你抱怨，你懂什么，你不会理解的……”

话说到这个份儿上，同事也很难继续安慰他了，摇了摇头说："看来你现在遇到的所有问题其实都是一个问题，那就是你看不起别人。"

意识到自己说话过分了，叶老板赶紧解释："我不是那个意思……"

"不管你是什么意思，听你说话的人感觉到的就是这个意思。你总不能要求所有人都按照你的想法来思考你的话吧。从你刚才所说的话里可以看出，你平时对员工也没有多尊重。你总觉得你的员工没什么本事，那你为什么要聘请人家？客户也是一样，你再专业也是乙方，按照甲方的要求做项目难道不应该吗？不管你是什么意思，你刚刚跟我说的话，让我感受到的就是不尊重。我看你当务之急是要先改改你看不起人的毛病。"

"酒逢知己千杯少，话不投机半句多。"只要沟通恰当，就能够拉近两个人的距离，无论这两个人有多么不同。想要和一个人顺利沟通，那么就要记住，任何时候，尊重对方都是沟通的开始。真正的尊重，是发自内心地尊重对方，不分职业，不分地位，这才是真正的修养，也才是真正的社交礼仪。

如果再进行细化，那么沟通时的尊重就不仅限于说话的内容了，还包括说话的语气和方式。而判断是否做到了尊重，最简单的检测方法就是换位思考。在讲话之前，先考虑一下对方的感受。不能因为自己是老板，就对员工吆五喝六；不能因为自己是甲方，就对乙方咄咄逼人。员工与老板也好，甲方与乙方也罢，都是一种合作关系，而非从属关系，只有考虑到这些，说出来的话才能够体现出尊重，才能博得对方好感，才好办事。

这里有两个提醒，希望对你有所帮助。

1.只要面对面说话，就要保持平等。

说话者与听众之间是平等的，说的人并不比听的人高一等，这是所有说话者都应该树立的正确观念。

2.听众能感知你的情绪。

别以为听众听不出你的情绪来，你是真诚还是敷衍，对方从你说的第一句话中就能感觉出来。

任何时候，不论面对什么人，请牢记：沟通，从尊重开始；尊重，从语言开始。

谈合作比讲道理更能打动人

人与人从陌生到熟识，最重要的就是沟通。沟通能够让其他人不断了解我们，也能够让我们不断了解别人。正是有了沟通，人们才能在一件事情上达成共识，才能达成合作的关系。沟通是人与人交流最基本的方式，也是最有用的方式。我们需要沟通，无论是与我们的朋友，与我们的生意伙伴，与我们的家人，还是与陌生人。

沟通有多种多样的方式，好的沟通方式能提高你的沟通效率，因为我们不可能有充足的时间去面对每个人。高效沟通能够让你在有限的几次见面中与对方达成共识，并取得对方的信任，进而发展成更加稳固的关系。而低效沟通只会浪费你的时间，让双方抽出时间进行的沟通毫无作用。所以，我们要不断改进沟通方式，提高沟通效率，才能减少时间的浪费，真正把握住难得的机会。

那么，什么样的沟通方式才是高效的呢？

按照我们接受的教育，讲道理是符合朴素价值观的沟通方式。如果没有道理，那么一切说法就都站不住脚。而想要让对方对你心悦诚服，用道理说服对方也是最为稳妥的方式。但是从效率上来说，这其实是一种比较低端的方式。

我们要讲道理，那么道理是从哪里来的呢？每个人都有属于自己的道理，这种道理来自我们的价值观、人生观、世界观。正是这些观念，组成了一个人全部的思想，也成了道理的根基。想要用你的道理去说服别人，就等于去改变对方部分，甚至是全部的观念。这是一件非常困难的事情，极少有人能够在短短几次见面中就改变对方在人生几十年来形成的观念，绝大多数人要做到这件事情，需要花费大量的时间和口舌。我们之所以不推荐讲道理这种方式，是因为即便这件事情是可以做到的，也是性价比较低的一件事，而且收益不稳定。

我们所推崇的沟通方式，是谈合作。

合作究竟有着怎样的魅力呢？我们来看个例子。

小燕一直想要成为一名出色的糕点师，她的梦想是将来开属于自己的糕点店，并且将其变成遍及全国的连锁店。如今，她已经拥有了自己的店铺，而白手起家的她获得的第一桶金，就是靠合作得来的。

当时小燕在一家当地颇有名气的私人糕点店做学徒。这家糕点店的商品非常传统，老板的手艺也非常精湛。在一段时间的学习以后，小燕将她学到的技术融入网络上正流行的甜品中，制作出了几样全新的甜品。小燕对于自己的甜品信心满满，但是此时她并没有开店的资本，所以她想要在做学徒的那家私人糕点店里售卖自己的创意甜品。

然而，她的想法遭到了老板的反对，因为老板认为他的店铺是以出售传统糕点为主的，若小燕的作品进入他的店里，会非常不和谐。小燕尝试说服老板：传统糕点虽然仍有市场，但是新兴糕点的出现已经是大势所趋，越来越多的年轻人更愿意尝试新的东西。但老板对于小燕的说法嗤之以鼻，始终不肯同意。就在这次沟通即将失败的时候，小燕灵机一动，对老板说，店里还有一块闲置的空间，如果允许她摆放一个柜台，那么她愿意为此支付租金。老板觉得这样的话还可以接受，考虑了一下，便同意了。

事实证明，小燕的想法是正确的，她的新产品获得了年轻群体的认可，在口口相传之下，很快就积累了一部分忠实客户。老板也对这次合作非常满意，因为那些年轻人在购买小燕的糕点时，往往还会带上几样店里其他的东西。几个月以后，小燕再次与老板谈判，因为她的柜台为店里带来了大量人气，也拉动了店里传统糕点的销量，她不想继续交租金了。老板这次爽快地同意了。就是凭借着与老板的这次合作，小燕很快就赚到了自己店铺的本钱。

从小燕的故事中，我可以学到两点。

1.合作，并非将利益拱手让人。

任何一次合作都是建立在双赢之上的，双方都有收获，这样才算得上是真正的合作。

2.合作是一种共赢。

如果想要让沟通达到高效，那么就必须在短时间内拿出吸引对方注意力的东西，拿出足够打动对方的条件进行交换，达到共赢的目的。

我们在人际交往的过程中，如果对方是能够长期来往的人，不妨讲讲道理，只要道理能够说通，那么就可以一劳永逸。如果时间并不那么充足，或者是非常需要抓住的机会，那么拿出你合作的诚意，并提出诱人的条件，这样能更好地进行沟通并达成你的目的。

识别情绪表情，掌握对方的内心

善于察言观色的人，都是具有高超沟通技巧的人，因为他们可以通过人们的言语、表情和动作来识别对方的情绪，从中分析出对方的心理活动，进而说出让人舒服的话。所以，这样的人通常被称为善解人意的人，不管走到哪里都会受人欢迎。

在小陈心里，妻子丽丽就是一个善解人意的人，很多时候自己还没有说出口，她就可以知晓自己的心思。也正因为如此，他感觉到，自己在妻子面前就好像是透明的一样，什么谎话都无法逃过妻子的眼睛。

一个周末，小陈本来想要在公司加班，把快完成的策划案做完。正在这时，小陈的老同学出差来这里，便约他和其他老同学聚一聚。小陈很长时间没有见这些老同学了，就非常高兴地前去应约了。本来他想给妻子打电话说自己要和老同学聚会喝酒的，可一时高兴，便忘记了这件事情。

由于妻子平时不太赞同小陈喝酒，所以聚会结束之后，他就没有直接回家，而是找了一个地方休息了一下午，等到酒醒之后才回家。为了不让妻子察觉自己说了谎、喝了酒，他还特意把自己从头到脚好好地检查了一遍，确定身上没有任何酒味之后才进了家门。

看到小陈回家了，妻子关心地说：“你今天加了一天班，累不累？中午好好吃饭了吗？”

小陈怕妻子看出什么，便镇静地说：“嗯，今天加了一天班，感觉非常累。中午只是在外面吃了快餐。”

小陈刚说完，就想到浴室冲个澡，以免妻子看出破绽。可妻子却叫住了他，微笑着看着他，然后慢悠悠地说：“你今天真的加班了吗？还是老实交代吧！到底去做什么事情了？”

这时，小陈心里有些慌张了，但还是故作镇静地说：“就是……加班啊！我……能去哪啊？”可语气明显有些迟疑，身体动作也有些僵硬，只是他自己没有发现罢了。

妻子静静地盯着小陈，似笑非笑地说：“哦，加班啊……要不我打电话问问你的同事？”

看妻子似乎早已知道了真相，小陈只好老实交代，说自己参加了同学聚会，忘了和妻子知会，并且还喝了一些酒。最后，他不解地问道：“老婆，你怎么知道我没有去加班，而是去了别的地方？你是不是跟踪我了，或是谁给你打小报告了？”

妻子“扑哧”一声笑了出来，说：“就你，我还需要跟踪你吗？我一看你说话的神态和动作就知道你撒谎了！”

没错，一个人撒谎的时候，说话的神态和动作都会发生变化，会出现一些连自己都无法察觉的微表情和微动作。如果两个人相处时间长了，或是观察够仔细，就可以轻松地看出对方的情绪变化，知道他是否撒了谎。

不仅仅是说谎，我们往往可以通过一个人说话的状态，包括语气、语速、语调，以及习惯性的小动作，比如摸鼻子、抿嘴巴等，来识别对方的情绪变化，从而知道他们正在想什么。

所以，在与人沟通的过程中，我们要通过观察别人的情绪表情，来了解他人的内心，如此一来，我们的沟通才能变得更加顺畅，说出来的话才能让人爱听。

那么，情绪表情究竟包括什么呢？

1.语调表情。

这就是我们所说的说话时声调和节奏的变化，比如声音的高低、语速的快慢和语气的强弱等。

我们可以通过对方声调和节奏的变化，来识别他们情绪的变化。当一个人高声尖叫，声音颤抖时，说明他非常惊恐；当一个人说话速度加快，并且语气非常重时，说明他此刻非常愤怒；而当一个人说话速度缓慢，并且语调低沉时，说明他的心情并不算太好，甚至有些悲伤、痛苦。

2. 面部表情。

很多时候，我们的情感和情绪都是通过面部表情来展现的，而这也是非常容易被人发觉的。比如眉开眼笑，表示人们情绪非常好，心情非常快乐；愁眉苦脸，则表示人们有难过、麻烦的事情，心里比较悲伤。

当然，我们要观察的不仅是这些容易被发觉的表情，还有那些不易被发觉的微表情，比如眼神的闪烁、鼻翼的轻微颤抖等。

3. 身体表情。

身体表情和面部表情相似，都是人们在不同情绪下所展现出来的不同姿态和动作变化。

心理学家弗洛伊德曾经说过：“凡人皆无法隐瞒私情，尽管他的嘴可以保持缄默，但他的手指却会多嘴多舌。”很多时候，这些身体表情都是无法控制的。即便再细微，我们也可以通过仔细的观察去发现它。所以，如果你想要了解对方的内心，就应该学会读懂他的身体表情。

打招呼这件小事，在社交中很重要

跟别人相遇，连个招呼都懒得打，这样的人能成为社交高手吗？肯定不能。打招呼这件事，与情商高低没有关系，即便再内向、再木讷的人，也一样可以轻松地跟别人打招呼。

不屑跟别人打招呼的人，说明他格局比较低，要么目空一切，要么心胸狭隘。如果你想成为社交高手，就不要顾虑自己口才不够好，不如先从打招呼练起。

打招呼看似是件小事，但能够在短时间内向别人展示出很多重要的东西，比如个人修养、文化素质、说话习惯等。打一个得体的招呼，可以给人留下非常美好的印象，它就像是在沟通中加入了润滑剂，满足了人们的亲近心理。

打招呼时，不必拘泥一种形式。你可以向对方问好，也可以赞美对方，还可以在见面时聊聊天气或其他的事。你要知道的是，形式并不重要，重要的是打招呼时的态度。

有人经过研究得出结论，人际关系行为模式中有一条规律：一方表现出的消极行为，会引起另一方相应的消极行为；一方表现出的积极行为，会引起另一方相应的积极行为。这不难理解，每个人都希望在交往中得到他人的尊重。见面时，彼此热情地打个招呼，关系自然就显得更亲近一些。如果两人中有一方高傲自大，对人不理不睬，另一个人可能就会心生厌恶。毕竟，谁也不喜欢傲慢无礼的人，高傲的姿态很容易诱发对方的敌视情绪。

下面以甲、乙两人相遇时打招呼为例，详细地说明一下。

甲："你好！很久没见了。"

乙："是啊，好久不见。最近很忙吧？"

甲："确实。事情很多，你怎么样？"

乙："我也一样。你这是要到哪儿去呢？"

甲："我要到超市买点日用品。你呢？"

乙："去看望一个朋友，今天是他的生日。那你忙着，我先走了。再见！"

甲："再见！"

两人表现得都很热情，且礼貌得体。彼此寒暄一下，给对方留下了好印象。这份好印象，直接影响着他们日后的关系。假如见面时一方表现得很热情，而另一方很冷淡，那么这种美好的关系就会被破坏。

甲："你好！好长时间没有见到你了。"

乙："是的。"

甲："最近忙吧？"

乙："不太忙。"

甲："到哪里去呢？"

乙："超市。"

甲："再见！"

乙："再见！"

很显然，甲对乙的态度很主动，也很热情，可乙却表现得很被动，很冷淡。甲的热情没有得到相应的回报，就会对乙的冷淡和不礼貌心存不满，下次再见面的时候，他就不会这么积极主动了。久而久之，两个人的关系就会越来越疏远。

再来说一个现实生活中的例子。

晓旭最近买了一套属于自己的新房，兴奋之情常常溢于言表。

有一天，晓旭刚进电梯间，心中的兴奋就减了一半。闷热的电梯间被一张破旧的桌子占去了一半，桌子后面坐着一位冷面的电梯员。看着这张冰冷的面孔，晓旭的心情顿时低落下来。

电梯员冷冷地问："几层？"

晓旭按捺住心中的不悦，朝电梯员笑了一下，说："阿姨，我到7层，这么热的电梯间，您工作肯定很辛苦吧！”

电梯员脸上也露出了笑容：“可不是吗？这么小的一个地方，就这么一个电扇，一待就是6小时……小伙子，7层到了。”

电梯员的这声提醒，让晓旭的心情好了起来。瞬间的改变，使晓旭感到：一声问候，加上一个微笑，简直就是一股可以融化冰川的暖流。

从这之后，晓旭每次乘电梯，电梯员都会主动跟他打招呼，聊的话题也更多了。

有一次，晓旭要装修新房，他跟装修工拿着木料进电梯，一比画，木料还真进不去。电梯员看见是晓旭，就说：“来，来，来，把我的桌子抬出去，把木料一斜不就进来了吗？”

果不其然，木料很快就运送完了。楼上的邻居问晓旭：“你的木料是怎么运上来的？”

晓旭说：“当然是用电梯了，走楼梯的话还不得累死？”

“啊？同样的装修木料，我们装修的时候，电梯员就说木材太长，电梯里放不下，怕损害电梯，让我们必须走楼梯，我们这些木材就是这么走楼梯一层一层扛上来的。”

晓旭没有说什么，因为他知道是怎么回事。他用打招呼的方式增进了跟电梯员之间的感情，电梯员在条件允许的情况下给了他方便。

打招呼是一件轻而易举的事，它能让别人感受到温暖。早晨上班前，给家人打个招呼，他们就会在幸福中盼望你早点归来；上班时，对门卫打个招呼，他们会还你一个欣赏和尊敬的问候；每天遇到同事时，打个招呼，你的人缘就会更好；餐厅吃饭时，朝服务员打个招呼，他们会更热情地为你服务。

生活的节奏变得越来越快，人们为自己的事已经忙得焦头烂额了，很少有闲暇关心别人的事。但是在这种情况下，每个人的心中都需要他人的理解和关怀，此时，给他们打个招呼，他们就会用热情来回报你。

打招呼虽然是小事，但也有学问，这里有几条建议，你不妨当作参考：

1.拿出你的热情，展露积极的姿态。

遇到他人时，不管你的心情怎样，都要迅速调整好自己的情绪，进入一种友好的状态中，主动与对方打招呼，让对方从你的言语和神情中，感受到真诚与热情，感受到你对他们的重视。

2.与对方打招呼时，一定要看着对方。

如果你在说话时漫不经心，顾左右而言他，别人会觉得你只是在敷衍，心里会很不舒服。

3.打招呼时选择恰当的话题。

有研究者指出，和陌生人见面的5分钟内，最好只进行一般问候，谈论一些无关紧要的话题。就算是熟人之间，比如老同学、老朋友，打招呼时也要选择恰当的话题，有时只需要一句话，甚至一个眼神、一个微笑、一个手势就行。与陌生人打招呼，往往有两三个问答往复就行了，没必要问得太多。否则，会给人一种“别有用心”的感觉。

打招呼的能力每个人都具备，主动一点，付出真心与热情，别人才更愿意与你交往。

学会安慰人，容易赢得他人的好感

形容一个女人如何漂亮时，我们经常会说她“有一头乌黑的长发”，皮肤像“凝脂”一样光滑……而张爱玲却在小说《半生缘》中，描述了这样一种女人的美丽——她们没有倾国倾城的容颜，不会撒娇、发嗲，也没有玲珑有致的身材，但是她们还是会受到别人的喜爱和夸赞。究其原因，就是因为她们懂得如何说话，知道用语言来激励、安慰别人，能让别人感受到一种独特的女性美。其实不论男女，懂得安慰他人的人，都更容易赢得他人好感。

然而，在当今社会，我们在大街上、公交车上，甚至是工作中，都会碰见越来越多“泼辣”的人。他们说话时口无遮拦，想到什么就说什么，甚至有些人还专门在别人失落、难过的时候冷嘲热讽。试问，这样的人又怎么能让人喜欢呢？一个善良的、懂得安慰人的人，才能赢得他人的好感。

小丽是一家律师事务所的秘书，因为她为人温柔细心，非常懂得如何说话，经常能让暴躁、难过的客户静下心来，所以她很受老板的欣赏，被安排接待事务所的重要客户。

有一次，一位姓杨的女士来事务所咨询问题。这位杨女士来的时候精神萎靡，眼睛红肿。小丽询问一番才知道原来杨女士在20年前跟丈夫一起创业，共同经历了许多风雨，现在丈夫却嫌弃她人老珠黄，要与她离婚。

小丽看杨女士哭得伤心，就说："大姐，你不必如此难过。老话说得好，'男怕入错行，女怕嫁错郎'，如果婚姻不幸福，作为女人，我们也应该勇敢地去追寻自己的幸福。"后来，小丽又跟她讲了其他人的故事，让杨女士知道"原来她并不是最痛苦的那个"。杨女士的心情变好了一些，她们不久就成了忘年"姐妹淘"。

小丽在杨女士痛苦的时候及时地给予安慰，帮助杨女士从痛苦中走出来。假如，小丽没有安慰杨女士，而是说一些冷嘲热讽的话，那么杨女士肯定会更加难过，说不定还会觉得小丽落井下石，难免会心生芥蒂。那样，就算杨女士仍然委托小丽所在的事务所打官司，但肯定会对事务所有意见，想必双方的合作关系从一开始就不会那么融洽。

人生不如意事十之八九，遇到困难的时候，人的内心会非常脆弱，这时候就需要别人给予安慰。因此，如果看到悲观者和不幸者，我们要尽可能帮助他们。一句简单的话语，可能就会给他们带去莫大的安慰，会带给他们雪中送炭般的温暖。

作家史铁生在年轻时身患疾病，最后下肢瘫痪，不得不与轮椅做伴。在刚开始的那段日子里，因为病痛的折磨和身体的残疾，史铁生感到非常难过，他经常抱怨上天的不公，每天都在怨恨中度过，甚至还把对命运的那种怨恨发泄到母亲身上。他的母亲并没有怪他，而是不断地鼓励他、安慰他，告诉他“生命总是多灾多难的，人要懂得忍耐、包容”。

史铁生的母亲每天除了陪着他锻炼身体，鼓励他勇敢地面对生活外，还鼓励他认真写作，让他感受文学世界的美好。最终，史铁生终于从绝望和痛苦中走了出来，也因为写作而获得了名气。但是等到他终于明白母亲的良苦用心时，这位伟大的母亲已经离世了。史铁生写了一篇散文《我与地坛》，借此怀念自己的母亲。

如果史铁生的母亲没有用言语、行动来安慰、激励他，那么他就很难有勇气从沮丧、痛苦中走出来，我们也就不可能看到那些经典的文章了。

当别人面临痛苦时，我们可以用言语及时地给予他们安慰，让他们知道你并没有放弃他们，而是始终在关注着他们，让他们的精神和灵魂不再孤单。我们说的言语上的安慰并不是指单纯地说一堆好话，而是要在不同的情况下给予不同的安慰。这就需要我们在说话时掌握一定技巧，才能让安慰更加有效。

1. 听比说更重要。

遇到不顺心的事，人们喜欢向别人倾诉，这样才有一个出气口，让痛苦减缓。这时候，懂得说话的人应该学会倾听，学会用自己的眼、耳和心去听对方的心声，让他知道你在关注他。

2. 把握时机。

安慰他人是一门高深的学问，有些人只图一时之快，很容易说出让自己后悔的话。这样不仅安慰不了别人，还可能与别人结怨，起到反作用。因此，懂得说话的人应该懂得在适当的时机，说合适的话。

3. 适时地哭泣也是一种安慰。

当朋友、家人陷于情绪或身体的痛苦之中时，最佳的安慰方法并不是告诉他们“你应该……”或“你不应该……”而是应该允许对方哭泣，让他们可以将“情绪毒素”排出体外。所以，当别人情绪低落时，我们应该想办法让别人把郁闷情绪发泄出来，而不是压抑在心中。

4. 安慰他人需要感同身受。

安慰别人不是判断他的对与错，也不需要用“同意”或“反对”来表达关心，而是应该给予别人一定的空间去做自己喜欢的事情。如果我们对别人的遭遇感同身受，这种表现，就能给予他们最好的安慰。

总之，懂得说话的人会在别人处于低潮时给予及时的鼓励和适当的语言安慰，让他们能够更好更快地从忧郁中脱离出来，积极地面对困境。当然，聪明的人还应该明白这样的道理：当我们帮助别人度过艰难的岁月时，不要“矜功恃宠”，更不要觉得别人亏欠我们什么，而是应该始终以一颗平常心去对待人和事。

聪明人都喜欢谈论别人感兴趣的事

生活中有些人经常抱怨没有人关心他，没有人听他说话。其实，不是没有人听你说，而是你说的话实在是很无趣，内容单调、乏味，导致别人都听不下去。因此，真正懂得谈话的人从来都不会以自己为中心，不会想说什么就说什么，而会根据别人的兴趣爱好谈论一些大家都喜欢听、愿意听的话题。

之所以会这样，说到底是因为每个人都希望能在谈话中得到有利于自己的信息，而不是浪费大把的时间说着别人的事情。

某小区里有两位退休在家的大妈，分别是刘大妈和王大妈。这两位大妈都是退休在家，或者是与其他伙伴们一起跳广场舞，或者是谈论一些小区里的“新闻”。但是，这两位大妈在小区里的风评却完全不一样。

先说刘大妈。刘大妈每天都会带着自己的孙子在楼下的花园里玩耍，顺便和别人说说闲话，但是，刘大妈每天说得最多的就是邻居家的“八卦”。刘大妈每天最常用的经典开场白是：“你们知道吗？就咱这小区里的 × × 家里来了几个人，我跟你们说，他们是……”刚开始，还有人听，但是时间一长，就没有人乐意再听了，因为大家都很忙，而且大家担心刘大妈有一天也会这样说自己的家事。

再看王大妈。王大妈虽然每天也在楼下带孙子，但是王大妈每天只会跟别人聊聊哪个超市的菜降价了，或者是怎么哄孩子吃饭、睡觉等问题，却不会涉及别人家里的事情。而且，王大妈每天都会把天气预报、超市降价情况写到院子的黑板上，这样方便大家上下班的时候了解。渐渐地，大家都越来越喜欢王大妈的贴心之举。

由此可知，我们在跟别人进行交流时，应该谈论别人喜欢的话题，而不是说一些没有价值的东西，否则我们就会像上面故事中的刘大妈一样被人厌弃。

或许有人会觉得这是在夸大事实，但是我们回想一下自己的经历，就会发现当我们与人交谈时，一定希望对方会谈论一些我们感兴趣的，或者是对我们有利的事情，而不是我们一无所知，甚至是不想听下去的事情。将心比心，别人与我们交谈时肯定也是一样的念头。为此，我们应该学会谈论一些对方喜欢的话题，这样才容易让自己获得好人缘。

安尧是一家食品公司的经理，他一直希望自己能够成为一家大超市的供应商。这四个月以来，安尧不断地与那家超市的经理进行磋商，但是对方往往没有听安尧说完，就摇头拒绝了。原来，安尧向超市经理进行推销时，一个劲儿地说自己的工厂生产的食品有多么可口、干净，价格有多么低，而且往往一说就说很长时间，而超市经理早就没有耐心和精力继续听下去了。

后来，安尧总结了失败教训，再和这家超市的经理进行谈话时，先开始从这位经理感兴趣的话题入手，再慢慢地引到自己的食品上来，接着又向超市经理分析了购买自家食品的好处，让对方明白和自己合作是有利可图的，这才慢慢地促成了这笔生意。

如果安尧没有转变策略，还是依然故我地“自卖自夸”，那家超市的经理肯定不会选择他家的商品。由此可见，我们要想与人交朋友，要想与别人进行合作，在说话时一定要有技巧，而不是想说什么就说什么。

生活中，经常有人自怨自艾地说：“感觉自己不会再爱了，因为没有一个人懂自己。”其实，我们有什么资格抱怨呢？与其抱怨别人不懂我们，觉得我们与别人之间的谈话经常是鸡同鸭讲、对牛弹琴，还不如从自己身上找原因。因此，要想让自己知己遍天下，就应该懂得谈话的技巧，从而获得别人的认可。

1.说别人喜欢听的。

要想让别人喜欢听自己说的话，在和别人聊天之前就应该先了解对方的真实想法，然后说一些别人喜欢听的话，而不是一味地说自己想说的话。我们要想与别人一见如故，在谈话时就要注意对方的感受，按着对方的喜好来进行交谈，和对方讨论一些他懂得最多、最感兴趣的事物。这样，我们才能顺利走进对方的内心，和对方成为朋友。

2.对自己不喜欢的事情要宽容以待。

如果别人喜欢的恰恰是自己讨厌的，应该学会宽容以待，不要把自己的厌恶心理明显地表现出来，而是应该试着收敛自己的坏脾气，隐藏自己的不友善的表情，不能因为自己不喜欢，就阻止别人喜欢。

3.增加自己的知识量和见闻。

平常多看一些书，对各方面的知识都了解一下，以免在与别人聊天时，不知道别人在说些什么。知识积累得足够多了，不仅能让自己对任何话题都侃侃而谈，改变自己“闷葫芦”的形象，同时也能让自己的气质得到提升。

第四章

聊天不是辩论，没有输赢之分

别在聊天中赢了道理，输了感情

很多不会聊天的人都有一个通病——总想在语言上占据上风，让别人认同自己的观点和想法。但事实上，这个世界上的很多事情都不是非此即彼的。每个人都有各自不同的想法，这些想法并不能简单地用对错来评判。

更重要的是，聊天不是辩论，不一定非得争出个对错，判出个输赢。我们和别人聊天，为的是拉近彼此的距离，搭建情谊的桥梁，而不是为了把对方辩驳得哑口无言。口头上的争论也许能让你占得上风，却也可能让你输掉感情。

这里我想讲一个关于富兰克林的故事。富兰克林是大家熟悉的科学家，他年轻时就非常优秀，是同龄人中的佼佼者。

富兰克林年轻时非常正直也非常热情，常常会因为一些事情和别人展开激烈的争论。比如，在聊天时，如果对方提出了某个主张，而富兰克林对此不甚赞同，那么他一定会激动地和对方展开辩论。而几乎每一次，富兰克林都会把对方辩驳得哑口无言，赢得最后的胜利。虽然人们对富兰克林的口才和渊博的知识赞叹不已，但真正喜欢他，愿意和他来往的人却少之又少。

富兰克林一直不明白，为什么自己人缘这样差。直到有一次，一位非常关心富兰克林的朋友开诚布公地劝告他道：“富兰克林，有时候你真的太较真了，你总是喜欢咄咄逼人地和别人争论，非得把对方说得哑口无言才罢休。是的，你确实非常聪明，也非常优秀，但并不是所有事情都需要争论出对错胜负的。你这样只会让你的朋友们离你越来越远，毕竟，谁也不喜欢总是被人反驳和教训啊！”

听了这番话之后，富兰克林深受触动，他反省了自己平日里的一言一行，并暗暗告诫自己，一定要改掉这个坏毛病，再也不能为了争强好胜而伤害别人的感情。

在这之后，富兰克林果然有了很大改变，当从别人口中再听到一些他不认可的观点时，他不会再咄咄逼人地争论了，而是先肯定对方的一些想法，再提出自己的想法。令人意外的是，当富兰克林这样做之后，人们反而更容易接受他的意见并且更愿意和他交流，向他请教问题了。

在某些原则性或专业性的问题上，人应该坚持自己的信念和想法。但如果只是一些无关紧要的事，就没必要非得和别人较真。聊天不是辩论，逞口舌之快或许能让你占尽上风，却无法让你赢得他人的友谊与好感。

陈璐有一次在朋友的聚会上认识了高大帅气的李阳，对他颇有好感。

李阳是个自强不息的“高富帅”，不仅家里条件很好，还有一份体面的职业——律师。但奇怪的是，李阳在感情方面一直都不太顺，没有任何一段恋爱关系能维持一年以上，而且听说几乎每次都是女方主动提出分手的。

一开始，陈璐还挺想不通的，像李阳这么优秀的男人，怎么可能遇不到可以一起走下去的人呢？经过几次深入的了解和交流之后，她很快就发现了问题。

陈璐发现，李阳是个特别喜欢和人抬杠的人，就连随意聊天的时候，都不忘记在语言上占上风，彰显自己的“博学”和“有品位”。

就说上次，陈璐和李阳聊天时，说起自己喜欢看韩国电视剧，李阳立刻就开始指出韩国电视剧的诸多问题；陈璐说起自己喜欢看漫画，李阳就开始说看漫画幼稚、不成熟；陈璐说起自己喜欢看爱情喜剧电影，李阳就开始批判说这种类型的电影通常缺乏深度和思想……

聊了几次之后，陈璐默默删掉了李阳的联系方式。她算是明白李阳为什么不能维持一段长久的恋爱关系了……

很多时候，我们和别人聊天，最主要的目的是能够与对方拉近距离，提升彼此的好感度，而不是为了卖弄自己的学识和口才。因此，聊天时需注意以下事项。

1. 聊天氛围要和睦。

没有人会喜欢不停地被反驳和批评。如果你喜欢随时随地和人展开辩论，那么请你去参加辩论赛，不要将与人相处变成了竞赛，这样就算你再优秀都不会赢得别人的好感。

2. 放下身段，谦虚交谈。

即使你比别人有学问，有地位，也不要摆出高高在上的样子，而要尽量亲和，放低姿态。

聊天不是辩论，如果你总是用争论和反驳的方式去和别人交谈，哪怕你妙语连珠，将对方辩驳得哑口无言，也不会成为真正的胜利者，因为你永远也无法获得对方的好感。

无论什么时候，开口说话之前，都应该好好想一想，你说这些话，究竟是为了赢得道理，还是赢得感情。

场面话和真话，你一定要分清楚

在举行某大型会议或者活动的时候，在场人员不免都会讲一些场面话，来烘托现场的气氛。在聚会当中也是一样，需要与会人员说一些场面话来让气氛热闹起来。

“各位朋友，今天是某先生的生日，他是我们公司的核心人物，为我们公司做出的业绩以及无私的奉献大家都是有目共睹的……在此，让我们共同举杯，为庆祝某先生的生日而干杯！”

这是生日聚会中最为常见的场面话，当然，互相寒暄是应该的，但不能光说场面话，不然就显得太虚伪了。平时不好说的真话，可以在这时说出来。但你必须分辨出哪些是真话，哪些是场面话，这是非常重要的，它关系着你对整个聚会气氛的把控。

大年初一刚过，王艳就收到了大学同学的聚会邀请。这让她很高兴，因为他们已经10年没见面了，真不知道大家都过得怎么样。

聚会的饭局是设在一个酒店包厢里，晚上8点钟左右，同学们陆陆续续都赶了过来，再次见面，大家都事业有成，有的昔日的同学如今成了两口子，让人感慨万千。

饭局刚刚开始，老班长就举起酒杯说："各位同学，10年后的相见很是不易，为了我们的友谊天长地久而干杯。"

王艳一听就知道这是饭局开始的场面话，为的就是活跃聚会的气氛，大家随即附和道："干杯！干杯……"

酒过三巡，大家开始互相谦让着说："吃！吃这个，这个很好吃。"这时在西安工作的王斌说："嗯，大家多吃点，改天有机会请大家到我家做客啊！"王艳明白这是王斌的一句客气话，大家都在天南海北工作，到西安的他家吃饭肯定是不可能的，但她还是接着说："听说西安的小吃很出名，有机会一定得去一趟。"

王斌高兴地说："欢迎欢迎，希望大家都能够来啊。"

……

就这样，大家边吃边聊，可能是大家聊得很是尽兴，不一会儿几瓶白酒就让三四个男同学喝完了。这时，在深圳工作的李强突然对一同出席的妻子说："老婆，这些年你嫁给我受苦了，我很多地方都做得不够好，今天我借这个机会，当着所有同学的面，敬你一杯。”说完他端起酒杯一饮而尽，大家这时也开始起哄了，纷纷说李强是真爷们，希望他的妻子接受他的敬意，他妻子看到李强很是诚恳的样子，端起酒杯喝了一口。

对于这个场面，王艳很是感动，她知道李强刚才说的话都是发自肺腑的话，于是在他妻子面前也为李强说了很多好话，讲了一些李强在学校时的先进事迹。

这时，喝得较多的朱辉突然爆出了他和大学某女同学曾经的恋爱关系，王艳知道确有此事，但他的妻子此时就坐在一边，显然已经不高兴了。大家开始面面相觑，王艳急忙说：“你还有脸说啊，看上人家，一句话都不敢说，你那也叫恋爱。”这时清醒的同学纷纷反应了过来，忙说：“是啊，你那也叫恋爱，真为我们宿舍丢人。”

朱辉的妻子听到朱辉在大学和喜欢的人一句话也没说过，也调侃道：“就是，这还好意思说，真丢人。”

就这样，朱辉一句本来能够让妻子大发雷霆的真话，就让王艳顺利地化解了。

同学、朋友聚会，如果大家没有什么利益关系，大都是有什么说什么，不管是好事还是坏事，在酒过三巡之后都会讲得眉飞色舞，一句真话可以说是用十二分的真诚讲出来的。不过，既然是聚会，那么场面话也是必不可少的了，这是饭局暖场的开始。

故事中，老班长刚开始的祝酒词，就是纯粹的场面话，目的是提起吃饭喝酒的气氛，显然，这个场面话起到了很好的作用，之后大家开始互相谦让着吃菜，随后在西安工作的王斌也说了一句场面话：“改天有机会请大家到我家做客啊！”记住，类似这样的场面话切不可当真，如果有人反问：“大家天南海北的，那可能吗？”这样只能破坏饭局的气氛。

随着几瓶白酒下肚之后，李强向妻子表达自己的肺腑之言，这就是饭局中的真话，对于这样积极的、能够稳定饭局气氛的真话应该给予支持，如王艳的做法就非常好，她这样做给李强及他的妻子留下了良好的印象。当然，有时候也会有一些影响饭局的真话，比如，最后朱辉当着妻子的面爆出自己大学恋爱的事情，如果没有人圆场，朱辉的妻子在气急之下一闹，这场饭局就算是彻底失败了。

因此，我们在聚会中不仅要听懂场面话与真话，还要在听懂之后做出相应正确的反应。

在聚会中，真话、场面话都会在不同的时期出现，而且必不可少。听得懂，利用得好，能够让聚会更加和谐；听不懂，可能无法到达聚会的高潮；听得懂，错误地应对，会出现尴尬的气氛。

1. 听懂场面话。

场面话一般出现在聚会饭局的开头，这时，在主持者说完场面话后，不要轻易地插话，而要响应主持者的号召。

2. 听懂真话。

真话的出现一般在酒过三巡之后，大家都喝得差不多了，容易放下平时的架子，讲一些慷慨激昂的话。这些话当中，有些是由于一时激动讲出来的，而自己很可能办不到，这类话也可视为场面话。有些话是积压在心中许久的，比如对某人的道歉、对某人的不满等，这时，你应在保持清醒的状态下，给予适当的调解。

暖场的场面话，需要积极的配合。客套的场面话不可当真。酒过三巡后的真话应巧妙应对。如此，我们在聚会时才能不伤和气，圆满收场。

别人可以自嘲，但你不能附和

自嘲从某个角度分析，其实是一种幽默的说话方式，是一种生活的态度，是一种调节心理的方法，也是一种人生智慧的表现。生活中，如果缺少了自嘲，会让一个人活得很累。但是，我们面对他人的自嘲时，一定不能妄加评论，不然很容易伤感情。

小雯是一个模特，从业将近一年，在业界没有什么名气，不过事业发展得还算顺利。

有一次，她去参加公司举行的一个小规模饭局。在场的除了一些公司的模特之外，还有他们公司老板及一些行政人员。老板是一个30多岁的女士，因为长期做这一行，所以对当下的模特很是熟悉。在饭局中，他们谈了一些业务后，话题很快转移到了某知名模特身上。在场的模特有的像小雯一样一直默默无闻，而有的虽然不是那么的知名，但在业绩上也有一定的表现。

大家喝到兴头上，老板自嘲地说道："姐妹们，你们可要努力啊，你看某某模特公司的老板，天天有人邀约吃大餐，而我运气差啊，只能自己请自己了。"

小雯见老板这么说自己，认为是一种悲观的表现，想安慰一下老板，于是说道："领导，这有什么啊！等我有名气了，肯定让他们排着队来请您。"

此话一出，老板的脸色马上阴沉了下来，饭局顿时安静了许多。

这时，一位在公司较有地位的模特说："领导您真幽默，他们那都是花架子，我们今年的业务量已经远远地超过了他们，论实力，我们公司早就排在了他们前面。"

老板听了这位模特的话，阴沉的脸上露出笑容，举起杯高兴地说："我们的业务量上去了，接下来就看你们的造化了，大家一起加油！"说完，大家一饮而尽。

这次饭局之后，公司模特不断地被派往汽车展销会及展览会现场，不同的是其他模特都被安排到了一些大型的汽车展销活动中，而小雯被安排到了一家4S店举行的自主品牌展销会上。

后来有人向老板问起是否将小雯安排到其他展会上，老板说："小雯这个人太轻浮，还是让她多锻炼锻炼吧。"

我们经常会看到一些自嘲的人，有些明星说：“自己名气不够，所以作品少。”有些老板说：“没挣多少钱，所以只能随便吃点快餐了。”如果你把这种自嘲当真了，那只能自取其辱，最后伤害的是自己，如案例中的小雯。从后面那个模特说公司的业务量远远超过了其他公司，公司的业绩在增长，这已经说明老板的运气不差，老板说的那句话的意思一方面可能只是为了激励员工工作要努力，另一方面只是一种自嘲的表现形式。事实并不是她说的那样，她的心里也不承认是这样。

而小雯把老板的这种自嘲当真了，并附和了老板的自嘲，这等于说把老板的地位下拉了一个档次，老板当然不会高兴。

而第二个模特对老板所说的话，则是从公司的业绩上客观分析，判断出老板所讲的内容与实际情况不相符，因此确定是一种调侃式的自嘲，进而说出老板心中想说的话，而得到了老板的好感。

自嘲在平时的谈话中非常多，其实就是为了得到对方的肯定，因此，对待别人的自嘲，我们需要注意以下几点：

1. 结合实际情况分析别人的自嘲。

首先分析别人自嘲的内容与其实际情况是否相符，如果大体相符，可客观地用一句话带过，切记不可附和对方的自嘲。

2. 适当否定别人的自嘲。

别人的自嘲是一种幽默的生活态度，有时候可能只是提出某种话题的方式，这时给予适当的否定，就会提起对方的兴趣。

3. 用自嘲否定别人的自嘲。

这是一种在幽默的基础上再加幽默的讲话方式，可以让气氛更加活跃，比如，你比较熟悉的朋友对你说：“最近运气不佳，生意不好啊！”你可以说：“拉倒吧，你的生意不好，我就该关门了。”

对于别人的自嘲，必要时进行客观分析。任何时候不要附和对方的自嘲。

千万别让冲动毁了情谊

冲动是魔鬼，总是会蒙蔽我们的眼睛，捂住我们的耳朵，让我们做出懊悔的事情。人与人之间的许多隔阂与误会皆是由冲动而引起的。人都是情绪化的，极易被情绪影响，失去思考的理智和正确的判断力。如果不能控制自己的情绪，人就容易被表象迷惑，进而在冲动之下做出无法挽回的事情。

人们之所以喜欢与高情商的人来往，关键在于，高情商的人能够很好地控制自己的情绪，不会在冲动之下做出不理智的事，说出无法挽回的话。

有这样一个故事。

小镇上有一个名叫乔治的年轻人，他一直很想要一辆属于自己的车。在对父亲软磨硬泡许久之后，父亲终于松口答应他，告诉他只要能顺利考上大学，就给他买一辆新车。

父亲提出的条件并不苛刻，已经上高中的乔治学习成绩一向不错，考上大学对他而言简直就是信手拈来的事，因此他很痛快地答应了父亲的条件，并开始全身心投入学习，力求能考上一所比较好的大学。

所有的付出都会迎来回报，乔治的努力自然也不会白费，他顺利拿到了一所非常不错的大学的录取通知书。

收到通知书的那天，乔治高兴地冲到了父亲面前，激动地催促父亲兑现当初的承诺。父亲也非常高兴，拿着儿子的通知书笑得嘴巴都合不拢。

“那么父亲，当初我们的约定呢？还记得吧？什么时候兑现呀？您可不要食言啊，我都已经顺利考上大学了……”乔治焦急地催促着父亲，他已经等不及想看看自己的新车了。

看着儿子焦急的样子，父亲爽朗地笑了起来，指着书房说道：“好了，快去吧，给你的惊喜早就准备好了，就在你的书房里！”

听了父亲的话，乔治脸上闪过一丝狐疑。书房？小小的书房能装下一辆汽车？可自己确实没有听错，父亲是让自己去书房看惊喜。难道父亲是在逗弄自己吗？

乔治忐忑地拉开了书房的门，里面根本不可能摆得下一辆车。正想着，乔治的目光突然落到了书桌上放着的一个盒子上，那是一个新款玩具车的盒子。乔治不可置信地瞪大了眼睛：难道这就是父亲送给自己的惊喜——一辆玩具车？

乔治气到头皮发麻，认为是父亲愚弄了自己，于是一怒之下，离家出走了。没想到的是，这一走便是整整十年。乔治阴差阳错地流落到了外国，几经周折，才终于在十年后回到了家乡。

这十年间，乔治一直都很挂念父母，也一直为自己当初的冲动感到后悔。而等他终于回到家时，才得知，原来父亲早已经在一年前去世了。乔治懊悔不已，和已白发苍苍的母亲相拥而泣。

晚上，母亲红着眼睛询问乔治，当初究竟为什么会离家出走。乔治哽咽着把当年的事情说了一遍，表示自己被父亲那个过分的玩笑气昏了头。只是没想到，这一去会发生这么多的事情，还阴差阳错流落到了异国他乡……

听了乔治的话，母亲脸上闪过一丝复杂的神色，许久之后才苦涩地说道："不，孩子，你的父亲从来没有愚弄过你。他确实为你买了一辆新车，钥匙就放在你的书桌上，而那辆玩具车，是准备送给你侄子的生日礼物啊……"

一场误会，一次冲动，却让乔治付出了十年的光阴，以及"子欲养而亲不待"的遗憾。如果当初他能够控制自己的情绪，不在冲动之下做出离家出走这个让自己懊悔终身的决定，如今便不会有这么多的痛苦与遗憾了。

人与人之间的情谊，往往都是被冲动毁掉的。许多深仇大恨，最初可能只是一个很小的矛盾或冲突，却因为双方都陷入急躁的情绪，失去理智，一时冲动说出无可挽回的话，或做出无可挽回的决定，这才导致小矛盾、小冲突恶化，最终变成了再无回旋余地的深仇大恨。

所以，为了避免悲剧发生，为了不让冲动毁掉我们与他人之间的关系，无论何时，我们都应该牢记以下两点。

1.不可揭人伤疤。

每个人的内心深处都有不可碰触的伤疤。不管在什么情况下，都不要攻击别人曾经的创伤，否则就算事情过去了，彼此之间的隔阂也无法消除。

2.不要逞一时口舌之快。

拳头伤的是身体，话语伤的却是人心。千万别为了逞一时口舌之快而说出伤人的话，要知道，说出的话犹如泼出的水，是收不回来的。哪怕话语并非你心中真实的想法，也会给对方造成无法挽回的伤害。

没有谁愿意
跟冷面人热情互动

你有什么样的态度，就会说什么样的话。当你期待一个温暖和谐的世界时，首先要保证自己内心的温暖和谐；当你期待他人善意的微笑时，首先要让善良和笑意充满自己的眼睛。还记得寓言故事中那个对着空谷喊话的孩子吗？你礼貌相待，空谷里的回声便会同样礼貌地向你问候致意；你恶语相向，空谷里的回声也会用最尖刻伤人的语言报复你。

你热情，世界才会报以热情；你给他人带来幸福快乐，他人才有可能用善意的支持和无私的帮助来回应你。

初夏时节，王倩换了份新工作，为了上下班方便，她搬进了距公司不远的一个豪华国际公寓。这个住处租金高，但环境很好，不像她原来租住的旧小区，小区里是居民们私搭乱建的违章建筑，地砖都碎了，路面也不平，七扭八歪地停着几辆汽车，小区院子就满了。

这个国际公寓楼下的院子虽然不大，但种了很多大树，还有草坪花园、喷泉水池、亭台楼阁，彰显着优雅高贵的格调，让王倩十分喜欢。唯一美中不足的，就是这个高档小区的住户关系不像原来那个小区那么融洽，好像邻里之间一点儿也不热情，王倩感觉住户都挺冷淡的，不爱理人。

王倩在这里住了一个多月，她跟邻居碰过几次面，却连个正式的招呼也没打过。

时间就这样一天天过去，王倩逐渐融入了新公司，也习惯了自己的新家，就是跟邻里之间的关系还是冷冷的，让她心里不太舒服。

一天早晨，王倩恰好跟邻居老夫妇一起出门，她莫名地有点紧张，那老爷子看上去面目和善，有点像之前她租住的那个小区的陈大爷。那位陈大爷可是远近有名的热心肠，冬天包了白菜饺子还会敲开她和舍友的家门给送上一碗来。但是这位“某大爷”不仅不理人，连看都不看她一眼，闷头锁了门就走了，等电梯时又碰了面，还是各自低头，王倩觉得尴尬，只得拿起手机随意浏览着微博。

到了公司，王倩对同事张姐吐槽早晨的尴尬遭遇，她有些自嘲又有些讽刺地说：“我现在租住的这个国际公寓房价有多贵，我又不是不知道，买得起、住得起的都是有钱人，他们才不屑跟我这样的小租户打招呼呢。要说这个国际公寓确实不错，就是没有人情味儿，人跟人之间那么冷漠，哎哟，住得我都压抑死了，那帮邻居真是不好相处。”

张姐听她这么说，笑着给她出主意：“你要不试试主动跟邻居打个招呼？咱们倩倩气质冷艳高贵的，人家没准儿只是不好意思先跟你说话呢。”

王倩嘴上说“张姐你净拿我开玩笑”，心里却有了想法，她回忆起来自己确实没主动对新邻居们示好过。与其每天感觉尴尬、心情压抑，不如试试“主动出击”，也许一切就会有改善呢？

第二天一大早，王倩屏息盯着自家门上的“猫眼”，看见邻居开了门，赶紧也开门出去，装作偶然遇到，但这次她没有低头摆弄手机，也没有匆匆避开视线，而是咧嘴笑着对邻居老夫妇说了声：“大爷、大妈您二位早！我是新搬来的，我叫王倩！”

让她意想不到的是，邻居也十分友善地对她笑，从门口到电梯里一路闲聊，还邀请她没事到家里来坐坐。王倩像中了大奖一样欢欣鼓舞，下了电梯与两位老人分开后，她眉开眼笑地往公司走，一路上看见小区里的邻居、保安、保洁工，都大大方方地说一句“您早”。大家也都报以微笑，一个坐在儿童车里的小朋友还朝着她拍手，咯咯地笑，这让王倩开心极了，整个人也都精神多了。

到了公司，王倩忙不迭地对张姐描述了早晨的经历，张姐说："你看，之前都是你自己瞎想了吧？人跟人的关系就像一面镜子，也像山谷回声，你以无声对待他人，他人便还给你冷漠寂静；你以热情对待世界，世界会还给你更多热情。不仅是对新小区的邻居们，以后你对其他人也试试，这个复制快乐的秘籍可灵了。"

可能是传统文化中内敛、含蓄的部分在作怪，主动对陌生人微笑的小举动在我们看来很难，像王倩这样苦于人际关系冷漠又不敢先表达友善的人，可能在心里百转千回地琢磨着——突然向人家示好，会不会太唐突了？会不会被当成"无事献殷勤"？会不会被理解为有什么不良企图？会不会遭遇冷眼……如此纠结，可能幻想过很多次先开口问声好，最后还是默默低着头擦身而过。久而久之，也就习惯了对周遭的人视而不见。

勇敢踏出友善热情的第一步吧，你要知道：

1. 对别人好，不丢人。

越是强大的人，越不怕主动建立自己与他人的关系。

2. 在助人为乐中锻炼勇气。

如果想到被拒绝会很尴尬，那就先对处在困境中的人施以援手，只有那样做了之后，你才能明白他们有多需要你的帮助，从中获得的满足感会激励你更进一步。

3. 对所遇之人报以微笑。

对还不是很熟络的邻居、同事、快递小哥、保洁人员、餐厅服务员、停车场收费员……点头微笑，友善对待这些抬头不见低头见或为你服务的人，哪怕只是一句“您好”。

永远不要把别人的冷漠当成自己缄默的理由，少想那些“别人可能会觉得我……”之类的事情，我们的目标是让自己成为更好、更幸福的人，哪怕再三被他人的冷漠刺痛，只要坚持微笑，总能收获温暖的回应。善意沟通时，整个人会像被微风拂过，那种美好的体验会让你感觉一切努力和坚持都是值得的。

别让你的抵触情绪影响了社交

习惯性较劲的人身上多少会体现出一定的偏执型人格特征，他们可能会比一般人固执、敏感多疑、狭隘、好嫉妒、缺乏幽默感，同时由于潜意识里的严重自卑，又有着很强的自尊心和很低的安全感。与人交流时稍有言语失当，便会争论不休、强词夺理，甚至发怒攻击对方。他们很难放下防卫心理与人坦率交友或恋爱，日常生活工作中神经总处于紧张戒备状态，对周围亲友和同事的善意举动常会产生负面、歪曲的理解，进而发生摩擦、冲突，造成人际关系不和谐。事后他们无法对不和谐的根源做内部归因，分析原委时会认为所有错误都是别人的，吃亏受委屈的总是自己，令破裂的人际关系更加难以弥合。

当偏执型人格特征的想法、言论和行为越来越多出现在一个人身上，不仅他自己会感觉身心不适、孤独、焦躁甚至恐惧，周围的人们也会感觉到他无缘无故抛出的恶意。这就让他们在社会交往中无可避免地处在一个非常尴尬的境地——强于他的人肯定不吃他这一套，兵来将挡，水来土掩，以惩罚对敌意；弱于他的人深受其苦，只好敬而远之，免得引火烧身。

某次与广告公司的陈总一起吃饭，席间说起人力资源管理的话题，他一声长叹就打开了话匣子，说起在他的公司里有个叫甄峰的“极品”员工非常让他头疼。愁眉紧锁的老总说：“唉！就这么个逮着谁扎谁的刺儿头，搅得大家心神不宁却不能辞掉，所以我才这么发愁。”

原来这个被称为“极品”的员工甄峰是陈总一个老同学的儿子，大学毕业没几年换了好几份工作了，在哪儿都干不长。他爸爸跟陈总是大学时的舍友，还是上下铺的兄弟，那感情不是一般的深厚，这次为了儿子的工作只得找陈总帮忙。陈总想也没想就应承下来，还对老同学信誓旦旦地说：“咱哥儿俩是什么关系，你这宝贝儿子跟着我绝没有亏吃，你就放一万个心吧！”这事说来虽是陈总考虑不周，但考虑到自己开了这么大一公司，安排个行政助理之类的闲职混口饭吃还是不成问题的，不承想，甄峰进了公司，陈总的噩梦就开始了。

甄峰的性格跟他那个憨厚的父亲可是一点儿也不一样，他的脸上总堆积着厚厚的阴云，开始时同事们都以为他只是不习惯新环境，等大家熟络了就会乐观起来。

渐渐地，人们发现甄峰的敌意并不是因为初来乍到紧张所致，他的愤世嫉俗和心胸狭隘先是让负责带他的小吴碰了一鼻子灰，又让两人的共同上司王主任生了一肚子气。

入职3个月试用期满时，主管领导怎么都不肯在其转正通知上签字，还是陈总亲自出马，才给他转了正。

转正之后，甄峰不仅没有转变态度虚心工作，反而更抵触工作了，周一上午的部门晨会他不愿意参加，还冷嘲热讽地说纯粹是在浪费生命；主任让他出去给客户送份文件，他磨蹭了半天也没动身，被主任问起送到了没有，竟然反问主任为什么让他做低级的体力活。

有一天中午，部门大部分人都在赶工，主任看他闲着，就让他去买些盒饭回来，吃完饭好继续忙。没想到甄峰气得嘴唇发抖，攥着拳头一字一句地对他说："我是正经大学毕业生，来到这个公司是做行政助理工作的，不是给你们跑腿买盒饭的勤杂工！"一番话噎得主任不想跟他理论，只好找到陈总诉苦。

这种事多了，陈总也充分领教了这个"甄大少爷"的"特立独行"的别扭性格。就算真有一两个员工对他不那么友善，也不能整个公司上下连保洁、保安、送快递的都欺负他啊……说到最后，陈总自己也气得不行，看他的样子，恐怕是铁了心要解决掉甄峰这个麻烦，不用猜就知道甄峰在这家公司做不久了。

抵触情绪是一种深层次的负面情绪，一般体现为针对某些个人、某些独立或相似事件、某些特定行为、某种环境的抗拒和敌意。偶尔产生这样的“小别扭”无伤大雅，只要及时调整心态或者闹个脾气疏解一下也就过去了，但发现自己有时间持续性、对象广泛性的抗拒情绪产生时可就要提高警惕了。

像甄峰那样的性格，在每个公司都待不久，因为他对人、对事的敌意不仅影响了自己的职业发展，也干扰了同事之间正常的沟通和协作。

我们虽然不至于像甄峰那么极端，但在工作压力下偶尔也会产生厌倦、烦躁的情绪，要学会克服消极心理，平复涌上来的焦躁心情。

1. 回避刺激源。

在感觉到他人冒犯了自己而不高兴或者看他人的言行不顺眼时，首先力求回避刺激源，老话说得好：“眼不见，心不烦，转身向后，怒去一半。”

2. 摆脱敌对心理。

怒从心头起的时候，要及时自省，看看是不是毫无原因就陷入了“敌对心理”的旋涡，如果真是这样，可以考虑做些别的事情转移注意力，在大脑皮质里建立另外一个兴奋灶，或者深呼吸、原地做几个下蹲，缓解心跳加快、呼吸急促、脸色难看等应激反应。

3. 善意理解并尊重他人。

如果能明确自己的抗拒与不爽源自虚荣心强、感情脆弱等弱点，则要返回源头处疏导压力，养成事先自我提醒和事后反省纠正的思维习惯，善意理解并尊重他人，而不是满心不平衡地苛责别人。

不聊隐私，是人际交往中的常识

生活中，很多人都喜欢谈论小道消息，有些风言风语把别人的生活搞得一团糟。而且，他们在搬弄是非、伤害别人的时候，也常常为自己带来口角之争。

有些风言风语是一些爱搬弄是非的人对别人的事情捕风捉影，并加入主观猜想而形成的小道消息。这些对话容易对人造成伤害，没有人希望自己陷入满城风雨之中，被别人的猜测和谣言泼一身脏水。可是，有的人总是不明白“己所不欲，勿施于人”的道理，不想别人议论自己的事情，却十分喜欢议论别人的私事。

丁丁到市医院做护士已经有2年了。她所在的科室是外科，每天来往的人特别多。科室里的护士长是一个自私又喜欢排外的女人，她在科室里有三个好姐妹。她们每天在工作之余都会说一些家长里短的闲话，还常常议论医院里其他科室的人的私事。护士长还把好事都安排给自己或者“自己人”，不给其他人学习和发展的机会。丁丁虽然很气愤，但也无可奈何，只能每天忙自己的事情，不掺和她们的对话。

当年，茵茵是和丁丁一同来上班的。刚开始，她和丁丁一样讨厌这些人，后来为了融入这些同事的阵营，也开始听她们的空穴来风，最后参与其中。为此，茵茵也得到了一些“好处”。

有一次，科室里没什么事，护士长和几个护士又在一起聊“桃色新闻”。她们不知怎么听说了医院里的陈医生正在和妻子闹离婚，于是开始猜测陈医生离婚的原因。茵茵说，以前她看到陈医生和手下的一个实习医生关系暧昧。丁丁不想再听下去，就自己去查房了。

结果，茵茵正在说闲话时，被传闻中的实习医生听见了。她是一个暴脾气，当即就与茵茵吵了起来，闹得医院里的领导都知道了这件事。一周后，护士长调离，茵茵被辞退，而丁丁则被提升为该科室的护士长。

这些捕风捉影的消息不是一个好东西，它就像瘟疫一样，是会传染的“病毒”。如果我们没有抵抗住“风言风语”的入侵，让自己成为这种“病毒”的携带者、传播者，总有一天我们会深受其害。

古语说：“静坐常思己过，闲谈莫论人非。”这句话的意思很直白，就是告诫人们不要在背后议论别人的是非，不要对别人的事情说三道四。可惜，真正能做到的人寥寥无几，喜欢议论别人是非的人只多不少。

生活中，可以适当聊一些与身边人无关的小道消息，但是不要聊那些私密又带有人身攻击性质的话题。即使是在聊天，说话时也要三思，仔细想想话应该怎么说。

1.不窥探别人的生活。

学会控制自己的好奇心，过好自己的日子即可。聪明的人不会过多地关注别人的生活，尤其是别人的私生活，而是想办法避开它，尽量让自己的生活清静一些。

2.不听别人的隐私。

不要听别人聊风言风语，更不要主动去打听别人的隐私。如果实在躲不开，听别人说说就算了，不可参与其中，更不可做过多的评论。

3.不说别人的隐私。

就算我们真的知道一些私密消息，也应该让它烂在肚子里，而不是让它从自己的嘴里透露出来。

总之，说话之前多问问自己：这件事有必要说出来吗？说出来是否会给别人带来困扰呢？如果觉得可以说了，就应该找个合适的机会用恰当的方式说出来；反之，就应该缄口不言。

第五章

戒掉负面口头禅，办事不再难

好了，不用多说，我明白了

动辄就说“好了，我明白了”的人，往往是自信过度，也就是有些自负的人。遇到问题时，他们不会怀疑自己哪里做错了，而是会找一些客观的理由，将问题归咎于别处。对于自己，他们从不怀疑，所以也难以克服自身的缺点。这种人往往盲目自大，过高地估计自身的能力，缺乏自知之明。

王喜最近在设计一个方案的时候，出现了重大的失误。鉴于他是个新手，上司没有追究他的责任，而是派了一个老员工去指导他改正错误。

在老员工给王喜指出问题的过程中，王喜总是有些不耐烦地说：“好了，不用多说，我明白了！懂了懂了！”

到最后，老员工也是一肚子的火，直接找到上司，说：“这个人什么都懂，我教不了他！”

我们都知道，做人不能没有自信，那样就会走入另一个极端——自卑。尤其对年轻人来讲，在适当的范围内，自信可以激发人的斗志，树立克服困难的信心，坚定必胜的信念，使人充满勇气。

但是，我们也要明白，自信必须建立在客观现实的基础之上，如果不切实际的自信变成自负，对人就是有害的，会影响一个人的生活、工作，严重时甚至会影响人的心理健康。

过度自信的人会显得心高气傲、自视过高，更有甚者，会抬高自己贬低别人、轻视别人，总认为自己要比周围的大部分人更强。有的会固执己见，唯我独尊，听不进别人的意见和建议，而且总想把自己的观点强加到别人头上。

另外，自负的人大多很少主动关心别人，他们常常会显得有些自私。

既然自负心理是有害的，那么，我们就要搞明白它从哪里来。

首先，家庭教育是产生自负心理的主要根源。

一个人在童年的时候，他们的自我评价主要取决于身边的人对自己的看法，家庭就是孩子们自我评价的主要参考对象。父母过分地宠爱、夸赞、表扬，会使孩子觉得自己非常了不起，这种自负心理很可能会延续到他们成年之后。

其次，自负心理还可能来源于过于顺利的人生。

人的自我认识来源于经验，生活中遭受过许多挫折和打击的人，一般不会太过自负，而生活总是一帆风顺的人，则更容易变得自负。现在的年轻人大多是独生子女，从小到大都生活在娇惯和宠爱中，没有经历过大风大浪，因而变得自负。

最后，自负还可能来源于片面的自我认识。

自负者往往会尽量缩小自己的短处，而将自己的长处无限夸大。这证明，自负者也极度缺乏自知之明。当一个人只看到自己的长处和优点，却看不到自己的缺点时，就会形成自负的心理。这种人往往好大喜功，稍有成绩，就觉得自己了不起，把成功完全归功于自己；假如失败了，则会认为是客观条件不够充分。

这就是自负心理的来源，一个人如果生活在这样的环境和心理中，难免会认为自己不需要别人的“指导”，因此他们会经常说“好了好了，懂了懂了”就一点也不奇怪了。

那么，我们应该如何避免自己的自负心理，避免自己用不耐烦的口气说出：“我明白了，懂了懂了”这样的话呢?

1.提醒自己不要排斥批评。

自负者的致命缺点是，他们非常不愿意改变自己的态度，更不能接受别人的批评。所以，改善自负心理的第一秘诀，就是学着接受他人的批评。在遇到不同意见的时候，能保持心平气和。这并不是让我们完全服从别人，只是要求我们能够接受别人的正确观点，通过接受批评，改变自己过去那种固执己见、唯我独尊的不良心理。

2.与人平等相处。

自负的人，往往将自己看得高人一等，具有很强的控制欲，往往希望自己能处于支配地位。平等相处就是要求自负者以一个普通社会成员的身份与别人平等交往。

3.提高自我认识。

要全面地认识自己。一个人只有既能看到自己的长处和优点，又能看到自己的短处和不足，才能够走出自负的怪圈。千万不能一叶障目不见泰山。

认识自己，不能主观地、孤立地去评价自身，而应该把自己放在具体的环境中去考察，每个人都会有优点和过人之处，同样，也都会有缺点和不足，人不能总是用自己的长处去比较别人的短处，这是有失公平的。只有客观地认识他人、认识自己，才能走出自负的心理。

这些太简单了，我早就会了

生活中，有的人总爱打断别人的话，喜欢表现自己，其实，这是一种爱表现心理。爱表现心理是一种消极的情感，如果任其发展下去，可能会造成严重的后果。

聂静加入了一个绘画培训班，学习了几天基础课之后，老师让她试着画一幅线条画。

可是，聂静盯着画板发呆，却迟迟不动笔。老师问她：“小静，有什么困难吗？为什么不抓紧时间画呢？”

聂静叹口气说：“您能教我一些更高超的技巧吗？我早就会画线条画了。”

老师笑着说：“画线条画看似简单，但在构图、比例、排线等方面也需要勤加练习，这样才能提高绘画水平啊。达·芬奇画鸡蛋的故事……”

没等老师说完，聂静就不耐烦地说：“行了行了，别跟我讲那些大道理行吗？以前上学时我就听过达·芬奇的故事了，您现在怎么还拿一样的故事教育我呢？”

老师依旧笑着说：“不是教育你，我的意思是……”

聂静没好气地说：“好了好了，刚才我不是说了吗，我早就会画线条画。您是不是水平不够啊，要不然我当您老师得了？”

老师被聂静这样讥讽，再好的脾气也忍受不了，气愤地说：“我确实水平不够，教不了你，你去留随意。”

经常说“行了行了，好了好了”的人，通常是表现欲和竞争心都比较强的人。说这样的话，主要有以下几点危害：

一是影响社交关系。听不进别人的意见的人，会养成自高自大、自以为是的个性。由于过高地估计自己的能力，不能客观地评价别人的作用，逐渐会形成“独”的个性心理，偏离集体与社会，会出现严重的自私自利行为。

二是容易伤害别人。不知道尊重别人的人，更不会理解别人，甚至会恶意诋毁他人。

三是难辨是非。少数个例会变得善恶难辨，在错误中继续犯错误，甚至失去理智，不能自拔，引发极端行为的发生。

更为重要的是，人如果有了爱表现的心理，内心会始终处于高度的应激状态，大脑总是得不到休息，睡眠就会出现障碍，消化系统的功能也会降低，容易患心血管疾病，甚至引发更严重的疾病。

人之所以过于喜欢表现自己，大多是因为内心的浮躁产生的。

浮躁指轻浮，做事无恒心，见异思迁，不安分守己，总想投机取巧，成天无所事事，脾气大。

概括起来，浮躁分为三类：对现有目标的专注度不够、对现有目标的耐心度不足及现有的目标不切实际。

中国文化给人的感觉一直是沉稳、含蓄，如太极拳般心平气和、不急不躁。

其实，自古以来，中国人都在劝诫戒骄戒躁。《论语》说：“欲速则不达，见小利则大事不成。”还有“小不忍则乱大谋”“三思而后行”等。如今，不少人似乎少了耐心，多了急躁；少了冷静，多了盲目；少了脚踏实地，多了急于求成。

浮躁是一种情绪，是一种不可取的生活态度。人浮躁了，会终日处在又忙又烦的应激状态中，会脾气暴躁、神经紧绷，长久下来，会被生活的急流所裹挟。凡成事者，要心存高远，更要脚踏实地，这个道理并不难懂。

怎样才能克服浮躁心理呢？

1. 在攀比时要知己知彼。

有比较才有鉴别。比较是人自我认知的重要方式，然而比较要得法，即“知己知彼”，如此才能知道是否具有可比性。例如，相比的两人能力、知识、技能、投入是否一样，否则就无法去比，硬要比，得出的结论也会是不实的。有了这一条，人的心理失衡现象就会大大减少，也就不会产生那些心神不宁、无所适从的感觉。

2. 要有务实精神。

务实就是“实事求是，不自以为是”的精神，是开拓的基础。没有务实精神，开拓只是花拳绣腿，这个道理是人人应懂的。

3. 遇事善于思考。

考虑问题应从现实出发，不能只跟着感觉走，看问题要站得高、看得远，做一个实在的人。

总而言之，克服浮躁、脚踏实地、戒骄戒躁、不紧不慢，是我们改善自己的好方法。

没问题，交给我你就放心吧

生活中，有些人喜欢大包大揽，遇到别人有求于他，他马上就会答应，却不考虑自己有没有能力帮别人解决问题。

“刘新，听说你准备去买火车票？帮我买两张到沈阳的，回头我给你钱。谢谢啊！”小于说。

“没问题，交给我你就放心吧！”刘新自信满满地答应着。

“刘新，帮我也买一张，这是我的身份证。”同事听后纷纷让他帮忙购买火车票。刘新依然一口一个应着“没问题，交给我你就放心吧”。

第二天早晨到了单位后，他很不好意思地对同事说：“实在抱歉，我昨天就买到了两个人的火车票，剩下的我没有买到，要不我今天再买吧！”同事有些失望地说：“算了，我们自己去买吧！”

听了同事的话，刘新不好意思地说：“以后有什么事你们再找我，绝对没问题，交给我你就放心吧！”

恰好这时他的一个客户过来了，对他说：“小刘，帮我看看我公司的机器哪儿出问题了。”他又一口应答：“没问题，交给我你就放心吧！”结果他弄了半天也没有查出问题到底出在哪里。

郭冬临曾经演过一个小品《有事您说话》。郭冬临在里面扮演的就是个把“有事您说话”挂在嘴边的人。虽然他很热情，乐于帮助别人解决麻烦，但他没有考虑自己的能力，所以为了办好别人的事情，他不得不花费很多的时间，甚至为了解决别人的麻烦，把自己应该做的事情都耽误了。

你不觉得“没问题，交给我你就放心吧”与“有事您说话”有异曲同工的意思吗？都是那么轻而易举地答应了别人的要求。“一诺千金”“君子存诚，克念克敬”无一不说明“诚信”的重量。你若实现你的承诺，你便是千万富翁，若无法实现承诺，那你就是“千万负翁”。

所以，不要轻易承诺，尤其是在你能力所不及的范围更不要轻易答应。许下的诺言就是欠下的债，你是想无债一身轻地生活，还是想背着沉重的债步履蹒跚地生活？没有人愿意选择后者吧？

有个提法叫“诺言兑现法则”。这个理论认为，一千个兑现了的诺言也不及一个无法兑现的诺言给人留下的印象更深刻。所以，为人处世，一定不能透支自己的诺言！

如果你总是为了讨好周围的人不管不顾胡乱承诺一通，总有一天会让周围的人都轻看你。他们会觉得你好大喜功、虚荣、没脑子、爱出风头。你说为了“没问题，交给我你就放心吧”一句话，你要付出多大的代价？因此，我们平时应从以下两个方面警醒自己：

1.勇于承认做不到。

承认你有无法做到的事情并不会损害你的形象，反而会让人们更加认可你，觉得你这个人很真实。至少他们不会觉得你无所不能、高高在上，你和他们一样，都会有做不到的事情，这让他们觉得与你的距离顿时拉近了。

2.量力而行。

凡事不能太过，过则成祸，量力而行就好。

你说行，那就行吧

独立的人格、自由的精神，历来是人们追求的一种理想的心理境界。但是，在现实中，独立和自由往往被“服从心理”所禁锢。

盲目地服从，让我们只能被动地接受别人的价值观念，虽生活在控制之中却不知道被控制，甚至有时会因为被控制而快活……

你可能会觉得上面的这些话有些危言耸听，“哪里会有人被控制而不自知的”？但是很多科学实验告诉我们，每个人其实都会很轻易地服从权威，做出一些违背自身意愿的事情。这种心态，在现实生活中叫“不得已”。

本不想卑躬屈膝迎合别人，但是上司要求，“不得已”要完成；

本不想做一份不喜欢的工作，但是家人要求，“不得已”要做；

本不想和一个不喜欢的人谈恋爱，但是老妈要求，“不得已”要谈；

……

这一个又一个的“不得已”，其实映射出了我们的“服从心理”。

从心理学的角度来看，“服从心理”是一个中性的词，并不属于“变态心理”或者是“负面心态”的范畴。

从猿人到远古的人类，到现代人类的发展过程中，人类都是生活在自己的种群、氏族、家族里。落单的人在野兽众多、危机四伏的自然环境中根本无法生存。所以，人类要在同类互相帮助的环境下才能生存。因此，“社会性”成为人类的天性。

所谓的“社会性”，就是心理学家荣格所说的“集体潜意识”，集体意识最重要的一点，就是让个人从属于团体，因此为了维系团体不因为意见不同而解散，人类就产生了“服从意识”。那些不愿意服从于集体的远古人类很难生存。

但是，对于现代人来讲，我们要意识到，“服从心理”具有一种不确定性。当你服从天使时，你就是天使；可是当你服从魔鬼时，你也就是魔鬼。所以，我们的生活中，充满了在道德意识和服从“权威”（特指坏的“权威”）之间的挣扎，这也是对人性的最大考验。

如果一个人能清楚地认识到自己陷入了“服从心理”的怪圈，并积极地寻求改变，那么说明他已经迈出了第一步。

只要有决心，你就会发现，克服“服从心理”并没有那么困难。其实在你的内心，有两个自己。一个在说：“我该自己拿主意，该有自己的想法。”而另一个则说：“我怕后悔，我怕担负责任。”因此，你的内心是矛盾的。

要想让自己从这种状态中走出来，就应该避免以下几点：

1. 迷信权威。

权威不可能总是正确的，如果任何事都按照权威的建议去做，而不愿意主动思考，很容易把分析的方向弄错。

2. 轻率概括。

缺乏独立思考能力的人，常常单凭一些道听途说的言论就得出结论。这不符合逻辑规范，因而很容易出错。

3. 自欺欺人。

不能正确认识自己的能力，不能对自己的具体情况进行客观分析，按照固有思维去分析问题，无异于自欺欺人。

事实上，大部分人都会对自己的现在或将来充满忐忑，但你要鼓起勇气，亲自做出决定。

我很喜欢你，我很尊重你

在现在这个社会中，很多人都相信：世故的要义是圆通，人缘的技巧是玲珑。凡尘俗世间，涨落涤荡，把人本性中的棱角渐渐磨去。生命的岸边，一眼望去，都是浑圆光滑的鹅卵石，人们美其名曰“成熟”。

于是，人们变得圆滑，开始学会为了达成某种目的，而刻意去讨好一些人。一时间，我们再也不知道自己说出口的赞美之词是发自真心的歌颂，还是怀有目的的奉承。所以，我们开始把“我很喜欢你”“我很尊重你”这样的话挂在嘴边，无节制地滥用。

王鑫最喜欢说的一句话就是：“我很尊重你。”

在和领导谈话的时候，他时不时地蹦出一句“我很尊重您”。领导当时自然是非常高兴，但是事后却不免暗想：把尊重挂在口头上说出来，是个啥心态呢？

在和同事聊天的时候，王鑫也总是强调“我很尊重你”。同事感觉这句话来得非常突兀，心想：正所谓无事献殷勤……他究竟想干吗？

动不动就说“我很喜欢你”“我很尊重你”就是有些在刻意地讨好他人，可能是因为人的奉承心理在作祟。所谓的奉承，就是人们常常说的“拍马屁”。

奉承心理是人类社会中的一种普遍心理，我们不能说这种心理完全是负面的，但是也不应该鼓励和发展它。

过度取悦他人潜意识里认为：“只有满足别人,别人才会喜欢我”，为了让别人高兴，处处委屈自己，是以牺牲自己和压抑自己的正常情绪为代价。特别在意别人的感受，渴望得到别人的喜欢，害怕被人讨厌，经常违心说着附和别人的话，完全隔离自己真正的感受。但不可否认，奉承心理有时是出于自私的目的。有的人是为了赚钱，有的人则是想要以小博大。爱奉承的人，他们往往不会在自己的事业上真抓实干，在业务上也不可能具有拔尖的才能，更缺乏优良的品格。因此，他们没有出人头地的资本，便会选择阿谀奉承，作为自己上位的手段。

我们不是不能赞美别人，只是要付出自己的真诚。为了赞美而赞美，是不负责任的奉承。若要掌握好赞美的度，应该注意以下几点：

1.思考之后再表态。

对别人的意见，不要不经思考就表示赞同，要给自己一点时间，去真正思考他人的意见，而后再给出反应。

2.避免奉承别人。

人际关系不是固定的，如果你的实惠是通过溜须拍马得到的，那么如果想要保持现有的实惠，就必须重复自己的一系列行为。一旦你不愿意继续，就会适得其反，前功尽弃。可见，奉承就好像走钢丝一样，具有非常大的风险。与其花费精力拍马屁，不如摒弃走捷径的想法，踏踏实实地做好自己的工作。

3.不要虚伪地赞美。

对于那些不值得赞美的人，就不必去赞美。虚伪地赞美，会让你陷入无法摆脱的困境。千万不要为了赞美而赞美。

还不是为了钱加班吗

在工作中，动辄就谈加班费，动辄就说自己工作只是为了钱的人，其实都是在和公司讨价还价。

有的人之所以要讨价还价，是因为他们的心里都有一个天平，时时刻刻在衡量“值不值得”，这是非常正常的，也是无可厚非的，但是问题在于，你是否真的知道，哪些事情是值得做的，哪些事情又是不值得做的呢？

事实上，很多人不知道自己应该做什么，结果值得做的事情没有做。而那些真正不值得做的事情却又做了不少。

周五的时候，经理对大家说：“由于甲方急着要设计方案，所以大家这个周末都辛苦一下，来单位加个班吧！”

陈新立马就问：“算加班费吗？”

经理笑着说道：“怎么？不算加班费你就不来了吗？”

陈新回答说：“来工作都是为了钱嘛，加班费当然要问问喽！”

经理说：“好，没有加班费，你明天不用来了。”

从陈新的角度讲，他认为如果不给钱就加班，那是不值得的，而在众目睽睽之下，“逼问”老板有没有加班费，是值得的。这是典型的本末倒置。

要知道，工作不仅是一种金钱的交易，更有一份责任和义务。我们虽然不能完全靠着责任心去工作，但是也绝不能单纯地为了钱而去工作。

在工作中动不动就谈钱，会给人留下一种胸无大志、唯利是图的印象，这会让你的职业生涯蒙上阴影，反倒影响了你的“钱途”。因此，我们一定要明白什么才是值得的，什么又是真正不值得的。

不值得定律是一个心理学概念，这个概念最直观的表述是：不值得做的事情，就不去做。这个定律看起来实在是再简单不过了，但是往往被人们滥用、错用。一个人，如果主观地认定一件事不值得做，往往就会冷嘲热讽、表现出敷衍了事的做事态度。在此情况下，做事的效率就会大打折扣。

避免不值得定律负面效应的关键，在于界定值与不值的界限。一般而言，这取决于三个因素。

1.价值观。

对于我们而言，只有符合我们价值观的事，我们才会满怀热情去做。体现在具体的事情上，比如说工作，我们一定要认清它除了获取金钱之外的其他重要价值。你只有认识到了工作的责任，才不会完全用金钱去衡量工作，避免说“还不是为了钱”这样的话。

2.个性和气质。

一个人如果做一份与自己的个性气质有冲突的工作，是非常难做好的。这就告诉我们，如果工作的目的只剩下了钱，你真应该考虑一下，是否该换一份能激起自己激情的工作了。

3.远见。

很多事情，在现在看来是不值得做的，但是若干年后，你就会发现当初不值得做的事情变得非常有意义了。当然，等到若干年后再看出有意义，那就太晚了，我们一定要用长远的眼光、发展的眼光去看待一件事值不值得做。如此一来，可能你就不会觉得“不给钱就让我加班”是一件不值得做的事情了。

不要做金钱的奴隶，也不要什么事都用金钱去衡量。对个人来说，你应该有自己更高的奋斗目标，毫无保留地为之付出。正所谓“选择你所爱的，爱你所选择的”，只有这样才能激发起你的激情，不为外物所羁绊。

是我的，
我就一定要拿到手

在现实生活中，有太多的人活得太累，尤其是遭遇挫折和困境的时候，忘了感恩，不肯放手，只是一味地贪婪，一味地自寻烦恼，永远无法抛却世事的纷繁和无谓的负累，只能背着重大的包袱向前走。这样下去，人生不仅没有快乐，而且也欣赏不到路边美丽的风景。

“五一”这天，周灿和妻子去郊外的植物园游玩。下午两点，两人正玩得尽兴，周灿忽然发现手机上有一条未读短信，打开一看，是小区物业发来的：“亲爱的业主，值此佳节之际，社区物业将展开‘劳动光荣，好礼酬谢’活动。每位业主可在5月1日当天下午6点前，到物业部领取大米一袋，每户限领一份，先到先得，请您积极参与。如未能在下午6点前领取礼品，敬请期待下次活动，祝您生活愉快！”

看完短信后，周灿马上对妻子说：“咱们在植物园游览了好几个小时，也都累了，不如早点回去吧。正巧物业今天给业主赠送大米，截止时间是下午6点，回去晚了就领不到了。”

妻子撒娇说：“哎呀，好不容易出来一趟，你再多陪我玩一会儿嘛。这里百花争艳、鸟叫虫鸣，我们可不能辜负了这般风景啊。再者说，一袋大米值不了多少钱，领不到就算啦！”

周灿说：“不行，是我的，我就一定要拿到手。明明有机会拿到，为什么要算了？”

妻子拗不过他，只好悻悻地跟着他提早回去领大米，出游的好心情一下全没了。

“是我的，我一定要拿到手。”这句话听起来好像没有什么错误，但是，仔细想想，说这句话的人是不是因为内心的顽固和不懂得放弃？

我们执着于取舍、得失，就会变得拿得起、放不起。因此，我们才会觉得，这世界上有些东西天生就该是属于自己的，我们才会变得贪婪而固执。

我们需要做的是，每天为自己找一个安静的地方，在一个安静的时刻静心、感悟，同时清除掉心中的各种包袱。要知道，如果不舍得丢掉这些包袱，我们就会为其分散精力，扰乱心思，也会导致我们离目标渐远，甚至走上岔路。

如果想要知道贪婪的坏处，我们可能需要了解一个心理学的定义——卡贝定律。

卡贝定律是由美国电话电报公司前总裁卡贝提出的。卡贝定律是说，放弃有时比争取更有意义。

在这个现实的社会，有些人为了种种原因，参与到你争我斗的大染缸中，认为只有不断地争斗才能获得生存的空间。其实不然，有时候，放弃也是一种生存的哲学。

如果天天紧绷神经，只想着为蝇头小利去争斗，不但辛苦，而且得不偿失。不错，现实是复杂和残酷的，你必须有十二分的防备，你不可以说错话，不可以做错事，不可以给别人留下把柄。但这并不是说，你必须用更多的诡计去陷害更多的人，去树立更多的敌人。

NBA（美国职业篮球联赛）有一句著名的话："精彩看进攻，夺冠看防守。"

如果用阴谋诡计去整人是进攻的话，那么保护自己更好地生存就是防守。一个人如果只重视与人斗争，老是想着去进攻的话，那么他的生存环境必然很糟糕，他身边到处都是敌人，而他在斗争的过程中，一定会露出不少破绽。

不可否认，有时候为了生存，不得不争斗，但是如果换种方式能获取更大的发展空间，又何必把时间和精力浪费在无谓的争斗上？这样做也会损人不利己啊！人的第一需要永远都是生存，但靠要诡计、争斗去生存确实极具风险，甚至得不偿失。

不争，也有你的世界，所以，请注意以下两点：

1.不计较、不比较，必然多助多缘。

“不计较”是一种良好的心理品质，是一种不计较个人得失、重视大局的修养，更是一种人生的至高境界，智者往往追求这种境界，总会赢得人们的赞赏和拥护。

2.学会放过自己。

世界由矛盾组成，任何人或事情都不会尽善尽美，如果一遇到不愉快就不放过别人的小小过失，非但抚不平自己心中的伤痕，还会将自己和别人一同捆绑在“争吵的战车”上，无休止地争斗下去。而“不计较”的心态，不仅仅“放过”了别人，也“放过”了自己，这样才能“宽心”，获得快乐。

哎，我这个人就是时好时坏的

生活在纷繁的尘世中，不是人人都能心想事成、随心所欲，产生各种好情绪、坏情绪都是正常的。

情绪是人类与生俱来的，喜怒哀乐，不用他人教就会，并且会伴随人的一生。好情绪让人自信快乐，是成功的助推器；坏情绪则让人自卑消极，是失败的导火线。人生中不顺心、不如意的事情常有，主要在于我们的心态，在于我们如何想、如何看。

有时候，我们似乎无法控制自己的情绪，刚才还好好的，瞬间心情就可能低落下来，连自己也不知道是什么原因。

朋友聚会上，一帮人正在兴高采烈地谈天说地。

一开始莉娜也非常积极地和大家聊天，可是过了一会儿，大家发现，她的脸突然沉了下来。大家都在想，是不是什么地方得罪了她，所以都变得非常小心，聚会的气氛也瞬间降至冰点。

终于，有人忍不住问：“莉娜，我们是不是什么地方惹你不高兴了呀？”

莉娜说：“没有啊，哎，你们不要管我，我这个人就这样，心情时好时坏的。”

人的情绪，不仅在短时间内呈现出非常大的波动，而且从长期来看，这种波动似乎呈现由高涨到低落再到高涨的周期性变化。这就是心理学界所说的“钟摆效应”。

通常来讲，心智不够成熟，不善于调节自己情绪的人，钟摆效应的表现就越是明显。

要想克服钟摆效应，就要有意识地记录自己情绪起伏的状况，以确定情绪变化的周期。按照周期性安排自己的事情，这样能够有效地避免因钟摆效应耽误重要事项。

调节情绪是一项生存的技能，也是一种智慧的挑战。只有找到好的情绪调节方法，才能掌控情绪、驾驭情绪。

每个人都要学会做一个“情绪调节师”，可以参考以下几点建议：

1.转移情绪法。

在工作和生活中，每个人都难免会遇到挫折和失误，自然也少不了烦恼或悲伤。因此，越不开心，越需要转移注意力，及时发泄情绪。如果与人发生争吵，不妨暂时离开，换个环境，换个心情。

2. 自我沟通。

写日记既可以与自己对话，找到问题的症结，又可以发泄自己的情绪。通过写日记来达到自我沟通的效果，是一种相当安全的发泄方式。

3. 发掘兴趣。

兴趣是让人保持良好心理状态的重要条件。一个人的兴趣越广泛，生活就越丰富，人也会活得越充实、越有活力，心理压力也就越来越少。比如，同一工作岗位上的两个人，一个觉得每天激情四射，一个却觉得枯燥乏味，有激情的那个人必然是把工作当成了兴趣在做。

你要明白，聚散、苦乐都是人生的一部分。你不可能永远生活在激情、浪漫、刺激等理想的氛围中，如果对平凡生活状态总是心存排斥，心情难免会大起大落。

总而言之，就是要用一颗平常心对待自己的生活。别总是奢望不平凡的际遇发生在自己身上，因为奢望带来的往往是巨大的失望，会让我们的心情难以平复。

第六章

做个体面人，不伤和气地拒绝

用温言巧语拒绝他人，可以不伤感情

大部分男性在拒绝别人时，总喜欢直截了当，因为他们坚信“长痛不如短痛”，这样直接告诉对方比一直干耗着好；大部分女性恰恰相反，即使真的不喜欢某件事或者是没有办法答应某件事时，通常都不忍心告诉对方，怕对方伤心难过。

其实，在生活中总有些聪明又善解人意的女人，她们非常精通说话的奥妙，懂得语言的神奇魅力所在。对于不喜欢的事物，她们会加以拒绝，但是拒绝得比较婉转，更容易让对方接受。

有个男人花钱大手大脚，经常会买一些家里用不到或者是已经有了的东西，他还为此扬扬自得，认为自己是一个爱家的好男人。他的妻子经常劝说，但这个人都不为所动，甚至还和妻子争吵，认为妻子管得太严。他的妻子为此苦恼不已。

后来，他的妻子发现：如果跟丈夫直接说“你不要再买……”“我不喜欢你这样做”等话的时候，丈夫会特别反感，甚至会说：“你不喜欢，我喜欢就行了。”于是他的妻子尝试换个角度来说，起到了意想不到的效果。

这一次，丈夫看到一只可爱的小狗，就对妻子说：“它太可爱了，我们带它回家吧？”但是家里已经有两只猫了，而且妻子知道，丈夫只负责把狗带回家，却不会照顾它。于是，妻子对丈夫说：“这只小狗很可爱，我也同意把它带回家。这样的话，我们家有狗有猫，狗追逐猫，猫躲避狗，多热闹呀！”妻子一说完，就看到丈夫露出了吃惊的表情，然后他打消了买狗的念头。

这位妻子非常懂得如何拒绝丈夫的不合理要求，她不会明明白白地拒绝，而是表面上假装同意，实际上却告诉丈夫这样做有可能带来的“后果”。这样一来，丈夫就清晰地认识到自己是错的。

每个人都有自己的想法，也希望自己提出的建议能够被别人采纳。如果太过心直口快地拒绝，就难免让对方感到不愉快。而且，一个人拒绝的态度，很有可能决定了此次拒绝的结果。因为人人都喜欢和态度温和有礼的人打交道，即使得不到对方的认同、帮助，也希望自己能够得到尊重，被以礼相待，这样的话，即使是被拒绝，也不会觉得有多难受，反而会因为对方的彬彬有礼而理解对方的难处。

一位老客户给市场部的经理吴女士打电话，希望吴女士能把自己的进货价再降低几个百分点。这让吴女士感到非常为难，因为给这位客户的进价已经比较低了，再降的话公司老板或许不会同意。但是，这位老客户不仅跟公司的合作时间最长，而且也能为公司带来很大的利益，如果直接拒绝，说不定会让客户不高兴。

于是，吴女士马上跟公司上层进行沟通，最后公司给出的答案是不能再降价，但是可以给予其他方面的福利和优惠，总之是想办法要把这位客户留住。吴女士收到指示后，邀请这位客户进行面谈。

吴女士见到这位客户后，并没有直接商谈货品的进价，而是先询问了对方公司的发展情况和市场前景，然后由其他公司的价格转到自己公司上来，非常诚恳地说："张先生，说实话，我们给您的价格可以说是这个行业里的最低价，我相信您也有所了解。我们是合作多年的老朋友了，按理说您提出的要求我们都会尽量满足的，但是这个价格实在是太低了，请恕我们难以答应您的要求。不过，为了大家的发展，我们公司决定在配货时给予您公司一个季度的免费配送，您看怎么样？"

这样委婉而诚恳的解释不仅没有让张先生感到不满，反而让彼此之间的联系更加紧密了。

如果吴女士没有询问上层的意见，而是直接回绝张先生的要求，很有可能会因为说话不当而得罪张先生，从而失去这位大客户。所以，我们在拒绝别人时，一定要慎重对待，以免在无形中得罪他人而不自知。那么，懂得说话的人在拒绝别人时一般都会怎么说才不会让对方感到难以接受呢？

1. 拒绝别人时，态度要和善。

且不说被拒绝的人本来就是受伤害的一方，不管是什么原因，我们在拒绝别人时就算找的借口再合理、说辞再漂亮，对方也难免感到失望、难过、遗憾。如果选择温和的态度，则会让冰冷的拒绝适当回温，可以缓解彼此之间的关系，使拒绝的过程变得温馨一些。

2. 拒绝不等于拉入黑名单。

有些人不会拒绝别人，在拒绝时不仅表情僵硬，而且说话也难听，好像对方跟自己有什么仇似的。我们应该记住：之所以拒绝别人，只是因为当时无法满足对方的需要，而不是与对方有什么深仇大恨。所以，我们应该时刻保持有礼、和善。

值得注意的是，和善不等于谄媚。有些人觉得拒绝对方，让对方受到了伤害，感觉就像是欠了对方什么东西一样，会不自觉地照顾对方的感受，甚至不惜放低自己的身价，低三下四迎合对方。如果一次拒绝就让我们变成了这样，那还不如不要拒绝。

力不能及的事，干吗要答应

网络上有一句流行语：小时候我以为自己能拯救全世界，长大后才发现全世界都拯救不了我。这句话的主旨是讽刺那些只会空谈、幻想，却没有能力付诸行动的人。

现实生活中，这样的人不胜枚举，他们明明能力一般，却总是喜欢应承，喜欢大包大揽，似乎自己能解决所有的事，但最终的结果往往是成事不足败事有余。

下面这个故事中的小君就是这样的人。读研究生时，小君跟着一位老教授学微观经济。老教授从业数十载，对待学术极为认真，平时也不苟言笑，但他的为人却极为正直宽厚。平日里，学生们偶尔犯了点小错误，他会口头训几句，然后再很详细地给学生们讲清错在哪儿。当然，这样的错误下次决不可再犯。那几年，大部分学生跟着老教授，在专业和治学态度上学到了不少。可是，小君却染上了骄娇二气，自视颇高。

由于老教授的实力和为人，院里有不少项目的研究经费和活动名额都首先考虑他，小君和师兄弟身为他的弟子，自然也较其他人更胜一筹。

一次，院里有一个全额资助的出国留学深造名额，小君和另一位同学综合实力相当，又都是老教授的得意弟子，两人表面风平浪静，你来我往，私下还是免不了暗暗较劲，抓住每一个可能的表现机会。

那时候，院长作为受邀嘉宾要去参加一个经济论坛活动，还要在会上发言。因为有外国友人与会，因此发言稿要做成双语。那个会议非常重要，院长极为重视。当时，他亲自到拜托老教授帮忙找一个可靠的外语专业研究生翻译那份发言稿。

院长和老教授的这段对话学生们都听见了，大部分人却也只是听听就算了。虽然学生们的英语水平都很不错，但大部分人清楚这样的水平与英语专业的学生相比还是有点差距；而且这次会议的重要性学生们都清楚，出了什么纰漏个人承担不起。

没想到，小君开口了，他信心满满地跟老教授推荐自己。老教授当时没答应，院长审视了小君一番，觉得还不错就答应了。

院长对老教授说："小君的英语实力我知道，上次英语口语比赛，他不是拿过第一吗？就让他翻译吧，而且这发言稿中涉及一些专业名词，让我们本专业的学生来翻译说不定更准确。"

既然院长都开口了，老教授也就没有回绝的理由，只是叮嘱小君一定要认真，小君连连点头。另一位同是候选人的同学见眼前这番场景，嘴角动了动，却什么也没说。学生们都知道小君如此急于表现的原因，其实他用这种方式争取机会也无可厚非。

然而，这件事还是出了意外。

小君确实花费了不少心思翻译那篇发言稿，以期做到尽善尽美。定稿后，他还特意请英语专业的师兄帮忙审阅。发言稿是没问题，问题就出在院长之前强调的专业术语的翻译上。那篇发言稿上探究的学术本来就是当下最前沿的，里面的专业术语小君大部分都见过，但也有一两个听都没听说过，英语专业的师兄更是没听过。小君本来想去请教老教授，但一想到老教授本来就不同意他来翻译，也没好意思去。最后上网搜了一些资料，对比之后，选了他认为最恰当的翻译。没想到，还是出了问题。

发言稿中涉及的一个经济学专业名词是以一位外国教授的研究团队命名的，而那位外国教授的竞争对手也极力宣扬那是以自己团队命名的名词。平心而论，这个经济学现象的发现，两位教授都做出了不少贡献，所以一场口水战之后，也没有一个定论，双方仍旧是各持己见。

而会议上，小君翻译的发言稿恰恰选了那位与会教授的竞争对手的命名方式。所以，会议结束后，那位外国教授特意找了院长，开门见山地提出这个问题，直接质问他是不是故意的。院长半天才反应过来，解释之后又连连道歉，说是自己疏忽了。但学院与这位教授的合作项目还是受到了影响，被一系列借口搁浅下来。

院长还没回来，消息就传遍了整个学院。小君当时有些不知所措，而老教授本想责备他几句，见他那失魂落魄的样子还是忍住了，叹了口气便走了。

最后，跟小君竞争的那位同学毫无悬念地拿到了唯一一个留学名额。听说最后人选是院长亲自定的，公开宣布之前还曾找小君谈话，让他以后考虑事情要全面，别一个劲儿地想出头。

也许这件事说到底只能算小君倒霉，不过，转过来一想，若小君不那么急功近利，这件倒霉事也不会落到他头上吧。

俗话说："没有金刚钻，就别揽瓷器活。"做事需要量力而行，帮别人做事更要这样，否则，只能是吃力不讨好。

1.只做自己有能力做的事。

也许你是一个乐于助人的人，但如果你有心无力的话，就不要急于应承。一旦你把别人的事搞砸了，最后收到的恐怕不是感谢，而是埋怨甚至憎恨。

2.承认自己能力有限不丢人。

有的人不敢拒绝别人，是担心别人瞧不起自己。但反过来想想，别人有求于你，正说明别人也有短板，所以说，如果你确实没能力帮忙，千万不要勉强答应。

有想法就大胆说出来，不要总压抑着

要知道，生活中那些让人焦头烂额的麻烦，大都是在人际交流中被人为制造出来的，而在管理学领域，沟通不力所带来的麻烦占到管理问题的80%以上。我们总强调沟通的重要性，正是要通过有技巧的信息传递避免这种原本不应存在的障碍。

沟通技巧中非常重要的一部分就是学会表达不满，坦诚地交换意见，但很多时候，我们在生活中面临的最大问题不是用什么交流方式，而是根本不敢也不会张口表达不满的情绪。心里有话，在嗓子眼转了一万遍，面对对方的时候死活就说不出来，别说解决问题，这么隐忍压抑本身就变成了问题——总吃哑巴亏，心里怎能不堵得慌。

萍萍跟晓兰都是漂在大城市里的外乡人，她们因为合租一套小两居室成了室友，合租之初两人就有份君子协定：萍萍住在较大那间卧室，晓兰是后来的，住小的那间，电视放在晓兰房间使用，客厅里还有个很大的衣柜，也归晓兰使用；房租一人一半，平均分摊水费、电费、网费等各种费用，也平均分摊所有清洁打扫的劳动；不打扰彼此的生活，可以带同性朋友来家玩，但是最好不留人过夜；屋子隔音不好，晚上11点以后不可以制造噪声吵人睡觉；每个周末大扫除一次，轮流负责。

起初一切都挺好，俩人客气相处，互相不打扰对方生活。但渐渐地，萍萍就发现晓兰开始“违约”了，比如说好了不能让异性来玩，不能留人过夜，晓兰却总是带男朋友回家。

有一次，萍萍正在卫生间洗澡，听见门有响动，晓兰跟一个男人说笑着进了屋，她顿时十分窘迫，躲在卫生间里直到确认那个男人进了晓兰屋里，才裹着浴巾出来，跑回自己房间锁上了门。

第二天早晨，这个男人竟然跟晓兰一起起床，一起洗漱，萍萍觉得尴尬，只好等他们折腾完了再洗漱，结果上班迟到被扣了当月全勤奖。再比如晓兰不爱收拾屋子，却狂爱吃零食，包装袋和果壳垃圾堆成山了也想不起来去扔，萍萍总是要“顺手”帮她把垃圾带出去扔掉，开始协议好的周末大扫除，每次她都说有急事出门或者身体不舒服，做了两回就不再做了。

此外，晓兰睡觉很晚，有时候想起来衣服没洗，就会开动洗衣机洗衣服，萍萍紧闭着房门，蒙着被子，一样可以听到那台老旧洗衣机轰轰运转的声音。晓兰和她的朋友们吸烟，萍萍也无可避免地受二手烟毒害，她还常招待老同学聚餐喝酒，把客厅和厨房弄得一团乱。

对于晓兰这种室友，萍萍心里的不满和牢骚都憋到嗓子眼了，每当她想跟对方提出这些不满时，晓兰总能找到别的事把话引开或者一通撒娇耍赖把她的话头堵回去。加上萍萍不善于表达不满，一想到要开口指责对方，话就哽在咽喉很难说出来，仿佛犯错的是自己。当晓兰端着洗好的水果拿给她时，她又心软了，想着再原谅对方一次，下次再说。可下次真的发生了，她还是不好意思提出来，只能一边赌气一边默默忍耐着，盼着一年以后租期到了赶紧换个室友。

萍萍的忍耐不是不需要付出代价，她常因为晓兰的种种行为生气，心里总像扎了根刺，晚上睡不好觉，白天上班没精神，总出错受罚。就在跟晓兰的合租终于临近结束时，萍萍发现自己在脱发，不是那种正常的掉头发，而是突然掉一大撮儿。她赶紧去医院看病，医生说她长期精神压力过大，内分泌失调，导致了压力性斑秃。这个打击让萍萍异常愤怒，她终于下定决心要去找晓兰理论。回到家还没想好怎么张口说，就见晓兰已经打包好了自己的行李，看样子是准备搬家。晓兰紧紧拥抱了“好室友”萍萍，说谢谢她一年来的照顾，自己要搬去男友的房子同居了，最后剩下的半个月租期当是送给萍萍的。

直到最后，萍萍的“意见”也没说出来，晓兰就那样走了，奔向了她甜蜜的新生活。萍萍愣在原地，不知道自己为什么那么倒霉，甚至怀疑是不是自己错了。

在生活中，最令人难以应付的往往就是沟通情绪的问题，我们可能都会遇到“气你在心口难开”的窘迫。举个最常见的小例子，同事找你借钱，或请你垫钱买了小额商品后，对方给忘了，一直也没提还钱的事，有不少人就会一边在心里别别扭扭地想着“是不是应该问问他那个钱的事”，一边又总不好意思张嘴讨要，总在等待时机开口，仿佛犯了什么错一样，并因此感受到明显的情绪压力。

在讲究技巧之前，先端正态度，尝试说出心中的感受吧！

1.改变从“知道”开始。

如果没有一劳永逸的办法，不妨先头痛医头脚痛医脚，确认是某个人的言行导致了你的痛苦，一定要让对方知道，“知道”是一切改变的前提，否则你只能一直遭受折磨。

2.通过不见面方式传递消息。

如若直接跟对方对话实在是做不到，还可以通过电子邮箱、微信、微博、短信、手写便笺等方法联系对方，选择一种不见面的方式传递消息，能有效缓解尴尬。

3.就事论事。

学会就事论事，笑着说话，不要把说话变成吵架。谁都会犯错，也有可能谁都没有错，只是看问题的角度不同，做事情的手段不同。需要针对的是对方言行给你造成的郁闷不快，而不是对方本身。

委婉地说“不”，也是一种尊重

人人都知道顺耳的话好听，也容易说。但不管是在工作上还是在生活中，我们总会不可避免地遇到一些无法接受或者不认可的事情，这种时候，我们也就不得不把拒绝说出口了，否则很可能会让自己陷入窘迫的境地。

与人交往，我们不可能永远不拒绝别人的请求。那些总想着左右逢源的老好人，到最后往往可能什么事都做不好，平白给自己惹来一堆麻烦。毕竟，一个人的精力、体力和能力都是有限的，不可能将方方面面都考虑周全。所以，与其等到最后无法交出预期的成果，倒不如最初就勇敢地将拒绝说出口。

语言是一门艺术。它的精妙之处就在于，同样的意思，只要换一种表达的方式，就能给人带来完全不同的感觉。因此，即便是拒绝的话，用不同的方式说出来，也能让人产生完全不同的感受和情绪。

有一个词叫作“婉言谢绝”，这个词是非常有意思的。如果我们将这个词里的四个字拆开，再逐一解释，会发现一个非常浅显直白的道理：只有懂得把拒绝的话委婉地说出来，才能在拒绝别人的同时保住双方的颜面，把对对方的伤害降到最低，这样我们才可能得到别人的谅解。

在这一点上，曹雪芹笔下那个我见犹怜、冰雪聪明的林黛玉绝对是个中高手。除却敏感、悲观的性子之外，林黛玉在某些时候的表现很值得我们学习、揣摩。

在初进贾府的时候，林黛玉到了邢夫人那处。当时邢夫人热情地留她吃晚饭，但林黛玉这个人是非常敏感和懂礼的，尤其是今后要寄人篱下，更是“步步留心，时时在意”，生怕行差踏错一步。所以，为了避免被其他人背后指责议论她不懂礼数，林黛玉便婉言谢绝了邢夫人的好意。

这个时候，林黛玉的话说得就非常得体：“舅母爱惜赐饭，原不应辞。只是还要过去拜见二舅舅，恐领了赐去不恭，异日再领，未为不可，望舅母容谅。”

短短几句话，说得相当精妙，既恰到好处地表达了对邢夫人的尊重和感激，又从侧面展现了自己的懂礼节、知进退和识大体，从中可见林黛玉之聪慧。

林黛玉对邢夫人留饭的婉言谢绝是非常经典的模式，先向对方表示尊重和感谢，给对方留足面子，铺好台阶，然后再用间接的方式表示拒绝，让对方知道你的拒绝是出于无奈，而不是自己不愿意配合。同时再加上几句措辞优美的惋惜和感慨，如此便不会伤害到对方的感情和积极性，也让对方更容易接受。

懂得委婉地表达拒绝的意思，实际上是一种对他人的尊重。情商高的人之所以能够拥有好人缘，很重要的一点就在于他们非常懂得体谅别人，在说话做事时能够换位思考，照顾别人的情绪。这是一种成熟的表现。

那么，我们要如何做，才能让拒绝变得委婉一些，让对方更容易接受呢？

1. 说出自己的难处。

在拒绝对方时，不妨大方坦承自己的难处，让对方明白，我们拒绝的理由究竟是什么。通常来说，我们可以从两个方面入手：一是自身硬件条件的不足，比如资金、技术等；二是涉及原则的问题，比如规章制度或者法律条文等。

2. 让对方明白所提要求的过分之处。

如果对方提出的要求比较过分，那么在拒绝的时候，就应陈述清楚理由，让对方将心比心地去思考，明白他所提要求的过分之处。只有这样，才能让对方明白，自己并不是任人宰割的“冤大头”。下次再遇到类似的状况，对方才会有所顾忌，不再轻易提出过分的要求。

3.先赞后否。

先赞后否是委婉拒绝常用的手段之一。任何人在遭人拒绝时，心中必然都会感到不舒服，尤其是那些脸皮薄、爱面子的人。这种时候，如果我们在表达拒绝的意愿之前，能够先给对方一颗“甜枣”，安抚好对方的情绪，之后再表露拒绝的意思，就不会那么难以令人接受了。

4.开个玩笑，幽默化解。

很多时候，为了顾及彼此的颜面，人们在向别人提出请求之前，往往都会先试探一下，然后再决定要不要将事情挑明来说。在这种情况下，我们自然也没必要上纲上线，可以用开玩笑的方式把拒绝的意思传递出去，这样不仅能够避免双方陷入尴尬，同时也向对方表明了自己的立场。

容易心软的人更要学会拒绝

生活中，很多人都不好意思拒绝别人。对于容易心软的人来说，更是如此。

如果你在该拒绝的时候不懂得拒绝，轻易承诺了自己不愿意或是不能履行的约定，最终只能让自己自食其果，还可能耽误别人，给别人造成困扰。所以，在必要的时候说“不”，才是明智之举。

笑笑最近很苦恼，因为她不知道如何抉择。笑笑在大学期间谈了一个男朋友，二人感情非常好，约定在大学毕业三年后结婚。但是，笑笑的父母并不知道她已经有了男朋友，就在她回家的时候给她安排了相亲。笑笑告诉父母自己已有男朋友，但是父母了解过笑笑的现任男朋友的条件后，就建议笑笑再跟别人接触一下。

笑笑从小就非常听话，见父母这么坚持，不想让父母难过，就去相亲了。见面过后，虽然笑笑对对方并没有什么感觉，但是她不习惯说别人不好的话，只是含糊地回了一句“还可以”。结果这让父母误以为她喜欢，于是很快就安排了第二次见面。笑笑见父母这么积极，这才意识到父母对自己的男友并不满意，而男友也从别人那里得知笑笑在相亲，为此很生气。笑笑这才重视起这件事，并且很苦恼，不知道怎么拒绝父母的安排。

后来，笑笑听取了朋友的意见，详细地对父母说明了自己的想法及与男友关于未来生活的计划，并对父母说：“我知道你们是为了我好，但是我已经长大了，我也明白自己真正想要的是什么。请你们放心，我会对自己负责的。所以，你们让我自己来选择吧。”这是笑笑长这么大以来第一次没有“听”父母的话，她也从此明白了“拒绝”的真正含义。

笑笑因为担心自己的拒绝会让别人不开心，所以宁愿委屈自己也会听从父母的安排，但这么做却可能伤人伤己。幸好，笑笑在中途领悟了“拒绝”的含义，懂得了拒绝并非伤害的道理，才能勇敢地对父母说出自己的想法，抓住自己的幸福。

其实，拒绝并没有想象中的那么难，关键就在于，我们是否有勇气说出那个“不”字。然而，生活中总是有一些软弱、虚荣的人，或是因为怕伤害别人，或是为了保全自己的面子，而答应一些不合理或者是自己不可能完成的要求，到最后因为各种原因而没有实现自己的承诺，不仅惹得别人不高兴，也让自己痛苦。

有个女孩的父母因为事故而双双罹难，自此，女孩跟着姑姑生活。为了培养孩子，姑姑倾其所有，给了孩子最好的教育。终于，女孩如愿以偿地进了一所著名的大学。进大学后，女孩开始了半工半读的生活，并希望自己能够赚取更多的钱来回报姑姑。

女孩赚到了第一份工钱后非常高兴，就想送姑姑一件礼物。于是，她对姑姑说："姑姑，我想送你一件东西，你需要什么？"姑姑听后，仔细想了半天，告诉女孩自己想要一家连锁珠宝店的一套首饰。

女孩听到姑姑的答案后，就有些担心首饰的价格太高，不知道自己是否负担得起。但是，女孩还是一口答应了下来。后来，女孩去珠宝店看过首饰后，才确切地认识到，自己真的承担不起这一套首饰的费用。女孩不想买，但是想到姑姑的养育之恩，却无论如何也说不出拒绝的话。于是，女孩向自己的同学又借了一笔钱，给姑姑买了首饰。

姑姑收到首饰后，并没有女孩想象中的高兴，只是点点头收下，就不再说什么了。而后，女孩为了还钱，更加努力地打工。终于有一天，女孩的同学需要用钱，来找女孩要求还钱，女孩没有办法，只得找自己的姑姑，向她说明了情况。

女孩的姑姑听完，立刻把钱给了女孩，说："我等你这句话等很长时间了。你应该记住这个教训：要懂得拒绝别人。你明知道自己没有钱，为什么答应要买那么贵重的礼物给我？为什么不直接对我说：'姑姑，我没有那么多钱，我可不可以给你买其他的礼物？'如果当时你拒绝了我，是不是就不会有现在这样尴尬的局面？其实，对于生活中好多的事情，我们都要敢于拒绝。孩子啊，你一定要学会说'不'！"

姑姑用生动、直接的方式给女孩上了难忘的一课，告诉女孩如果不懂得拒绝，并一味地迁就别人，只会让自己被束缚。世界上没有超人，每个人的能力都是有限的，你不可能满足所有人的需求。虽然我们都希望自己做一个面面俱到、落落大方的人，但这并不意味着我们必须答应做一些我们做不到的事情。

调查发现，不懂得拒绝别人的人，他们的意志力比懂得拒绝的人更加脆弱，他们在生活中和工作上更加容易受到其他人的影响。当然，拒绝是有一定的原则的。因为无论什么样的拒绝，都可能会伤害到别人，甚至自己。

1.拒绝要合情合理、有理有据。

在拒绝别人时要尽量摆事实、讲道理，告诉对方不能答应他们请求的理由，让他们明白你的为难之处，看到你进退两难的处境，让对方不忍心再责怪你。这样一来，你的拒绝就更容易得到别人的谅解。

2.借他人之口。

借他人之口予以拒绝，也是最有效的方式之一。比如，当有人来邀请你跳舞时，可以告诉对方你已经有舞伴了，这既不会让人家面子无光，又不必勉强自己做一些不喜欢的事情。

但是，要注意的是，无论以何种方式、借口、理由拒绝别人，前提都是不能伤害对方或者是第三方的利益。

有智慧的人在选择理由时，应当选择那些与自己相关、比较真实又能够把握的理由，这样才能防止自己的理由出现纰漏。总之，无论是什么样的拒绝，都应该谨慎小心，以免造成不良影响。

不懂拒绝就是自寻烦恼

生活在这个社会上，我们不可避免地会遇到亲友真诚地向自己诉说难处，请求帮助。人们求助别人办某件事往往是经过周密的分析，认为你有可能办成才开口的。假如你确如朋友分析的那样有“手到擒来”的本事，亲友会觉得自己分析得不错。假如你的能力并不像朋友所估计的那样，你怎么办？要硬着头皮接下来吗？

当然，这样做也许当时不会伤了你们之间的和气，但肯定是后患无穷的。一旦事情办不成，你的朋友也错过了另求别人的时间和机会。因为你不好意思拒绝，而把一件别人可能办成的事情给耽误了，那朋友们会对你作何感想呢？如果当时你能直言相告或婉言拒绝，使他知道你在办这件事上的种种不便和种种不利，以及成功的可能性多么小，虽然你的朋友可能会对你的诚意产生怀疑，但当他了解到实际情况之后，就会理解你的处境，还会对你的坦率表示敬意。相比之下，你又会失去什么呢？

很多人在想要拒绝对方的时候，会产生一种“不好意思”的心理，这种心理阻碍了人们把拒绝的话说出口。由于这种矛盾的心情，态度上会变得不那么热心，说话吞吞吐吐、欲说又止、欲藏又露。在这种心理的制约下，最终往往还是依照对方的意图行事。即使拒绝对方，其态度也容易使对方产生误解，认为你成心拿架子，不够朋友。因此，要想使自己在工作和社会交往中，不至于惹出许多麻烦，首先要克服这种“不好意思”的心理障碍。

研究拒绝艺术的专家强调，要建立这样的意识：你有权说“不”，不必因为拒绝了别人而感到不好意思。这样，你在拒绝时就会心情坦然、举止大方、态度明朗，避免被误解和猜疑。即使对方开始会对你的拒绝产生一点儿失望和遗憾，但由于你的态度和表情向对方表明你是坦诚的，使对方受到感染，容易减轻对方心中的不快。如果你自己都觉得不应该拒绝，心里发虚，那么你的态度表情就会迟疑不决，对方也会觉得你拒绝的理由是不可信的。

在时装店，你在挑选一件衣服，样式和做工都令人满意，不过在价钱上你觉得不够理想。但是，看到售货员的热情服务，你又不好意思不买它。售货员就是利用你的这种心理，越是看到你在犹豫，就服务得越热情周到，帮你量好尺寸、试大小，甚至动手包装好，放进你的购物袋里，让你不得不买下来。

初次交男朋友，你也许会感到左右为难，因为他的长相实在让你爱不起来。但是，由于是你上司介绍的，或者是上司的儿子，使你很难开口拒绝。虽然每次会面都使你感到不舒服、不愉快，恨不得马上逃得远远的，但你一想到对方的身份、上司的威严，你就不得不仔细斟酌。然而对方对你一见倾心，脉脉含情，你的上司也觉得好事可成。随着时间的推移，你一再丧失拒绝的机会，勉强自己，这样成就的婚姻是不会幸福的。

生活中，不知有多少人因为不好意思说出那个“不”字而害了自己。那么，应该表示拒绝的时候，怎样才能不伤朋友的面子呢？有经验的人们告诫我们，坦诚直率地表明态度，只是拒绝的开始而不是结束。如果要使对方不积怨，仅仅说出“不”字还远远不够。在可能的情况下，要尽量申明拒绝的理由：因为自己力不胜任、现在没有时间、有某种为难之处等。

当然，对方求助于你，事前多半思考过你有应允和不应允两种回应，而应允的可能性较大，才来求你。因此，你只有说明你不能应允的理由，才能改变他们的心理定势，对你的拒绝表示谅解。在你申明理由时，可信度越高越好，千万不要随意编造虚假的理由。因为这里潜伏着一种危险：一旦对方发觉你在撒谎，认为你不够朋友，你们之间的友谊马上就会结束，甚至招致积怨难消。

在此，我们表示拒绝时要注意以下几点：

1. 坦诚明朗，不优柔寡断。

当然，这并不是主张在任何情况下，对任何人都直来直去地说“不”。对于那些自尊心较强、反应敏感或是脸皮薄的人来说，只婉转地表述拒绝的理由，而不说出拒绝的话会更好一些。因为对方会从你的话音中体察到你拒绝的意图，做出相应的反应。这种委婉的方式，可以避免对方感到下不来台、丢面子，避免破坏双方友好的气氛。

比如，当别人在你正要出门时来访。你在表示欢迎的同时可以说一句：“你来得真巧，稍晚一会儿定会扑空！”这等于暗示对方，你马上要出门办事。如果对方是知趣的人，便会简短地说明来意后很快告辞，或者另约时间再访。这比由你发出明确的“逐客令”要好得多。需要注意的是，你的暗示必须含义清楚，使对方易于觉察。

2. 拒绝的同时，给对方一条出路。

当对方确有为难之事求助于你，你又无力承担或不想插手时，你可以用为对方寻找其他出路的方法，来弱化可能产生的不愉快。比如，“这件事我实在没有时间帮你去办了，你不妨去找某某试试。”“这份资料我这几天还要用，不过图书馆里还有一份没借出去，你赶快去还可以借到。”因为对方有了其他出路，就不会在意你的拒绝了。

3.拒绝后，也要关注对方。

在你拒绝对方的求助之后，不要以为这件事就到此结束了。善于交往的人常常会事后问对方他那件事办得怎么样了，以示关心，顺便再次表示歉意。

要说出表示拒绝的话，的确不是一件容易的事，尤其是面对老朋友。但是，为了你的声誉，为了你的利益，为了彼此都能正常地生活，为了大家都不至于误解和猜疑，有话还是明说好。有一说一，有二说二，不要打肿脸充胖子，因为那样做后果不知会变成什么样。

你可以对上级的不合理要求说“不”

很多时候，老板为了公司的发展、为了利润的最大化，必然会最大限度地利用员工的劳动力，让员工承担最大的工作量，甚至超出员工本来能承受的强度，这种情况已经在无形之中伤及员工的利益。然而，大多数员工为了能够得到老板的赏识或者害怕得罪老板，一般都会选择忍气吞声。

如果你也有类似的情况，那么你就要小心了，你很可能就是公司利益下的牺牲品。你要想清楚两个问题：是否要为了维护公司的利益就不顾及自己的利益？自己的利益谁来维护？

如果上司总是以公司利益为由，毫无限制地牺牲你的个人利益，你就要学会有效地说“不”。但是，说“不”也是需要技巧的，直接说“不”会让上司觉得你不懂事，让上司觉得不被尊重，在心里把你给否决了。有时“先肯定，再否定，后安抚”的“迂回策略”更有效。

需要注意的是，方式可以迂回，态度却要明确。有些人在拒绝对方时，因为不好意思而不敢据实言明，结果产生了许多不必要的误会。

某中层管理人员，没日没夜地干了好几年，可老板给他的加薪幅度非常小，这大大降低了他的自信心和工作积极性。于是，他终于决定无论如何也要说“不”了。不过，在说“不”之前，他先把所有的资料收集齐全了，包括公司的加薪制度、自己历年的工作业绩及同级别同事的加薪情况。他列了一张详细的表单，力证自己的加薪百分比是最小的，然后告诉老板说不干了。结果，老板不仅给他加了50%的薪水，还给了他股票份额。

可见，说“不”时最好给上司提供一些客观的东西，比如数据。这样，上司就会认为你既对完成计划有实际的考虑，又对工作有一种积极的态度。实际上，对大多数上司来说，那些可以准确估计工作量和完成工作所需时间的员工是更有价值的。如果你的理由是时间不够，最好给上司准备一张你手头工作的清单，让他帮你把部分工作分配给其他人。

另外，你要明白，你做事情不是为你的上司，而是为你的公司；你要负责的对象不是上司，而是你的工作。你应该相信，在你自己的领域里，你比老板懂得多，毕竟，上司也不是万能的。如果你不管三七二十一，盲目承接自己力不能及的任务，对工作可没什么好处，而且从长远来看，也不利于保护公司的利益。

上下级之间，并不是绝对的“命令与服从”的不平等关系。当员工认为遭遇了不公正待遇的时候，可以适当地通过说“不”来表达自己的主张或是不满，让上司了解自己的境况，使双方在工作中保持沟通，避免让矛盾积累起来。只是，你在言辞上要注意分寸，不要一味指责，而要说明情况，探讨原因，这样才有利于上下级之间的了解与配合。如果你不这样做的话，只能是越来越多地牺牲自己的利益，无论后果是什么，说“不”都是比较好的选择。

需要注意的是，在说“不”的时候还要把握好以下几点：

1. 声音要放低，语速要放慢。

跟上司大声说话，不仅不够尊重，还显得自己过于情绪化，对人不对事。只要有心，你的“不”也能得到理解。多换位思考，比如，上司为什么给你提这样的要求？其真实目的是什么？如此，才能找到共同的需求和目标。

2. 要将心比心。

不仅要关注自己的感受和前途，更要在说“不”的同时体现出你对上司的关怀和对公司利益的关注。一个只爱自己不爱公司的人，老板也找不到理由去体谅他。

3. 尽量争取更多的支持。

向上司坦言，为了顺利完成交派的任务，自己希望得到哪些时间、人力和其他资源上的配合。如果老板不能给你提供所需要的东西，即便将来完成不了上司交派的任务，至少他也能明白，不完全是你的错。

4.打好基础。

其实，只要你平时工作表现出色，没有一点儿纰漏，说“不”往往更容易得到老板的理解。若老板的要求属于你的分内工作，你平日在领导心目中形象又不佳，关键时刻还掉链子，当然就不行了。

著名的喜剧大师卓别林也曾说：“学会说‘不’吧，那你的生活将会美好得多。”所以，想在职场上站稳脚，还是早点掌握这门艺术才好。

会拒绝的人不会让别人难受

如果大家看过《乱世佳人》，除了对其中敢爱敢恨的郝思嘉印象深刻外，肯定也不会忘记韩媚兰。韩媚兰也是一个令人印象深刻的人物形象。如果说郝思嘉是一团火，热烈、激情，那么韩媚兰就是水，温柔、怡人。

韩媚兰始终都那么温柔，连郝思嘉也无法对这个“情敌”恨之入骨，甚至没有办法拒绝韩媚兰的任何要求。韩媚兰可以让别人没有任何怨言地答应她的要求，同样地，我们也可以从中领会拒绝他人的技巧，让别人对我们的拒绝不会再感到难受。

林老师是一名高中老师，他为人十分严谨，说话、办事都喜欢直来直去。有一次，林老师收到了一份邀请函。原来，林老师的同事张老师的儿子考上了重点大学，张老师因此邀请同事们一起聚一下。但是，林老师那天因为家里有些事，心情不好，不想参加，于是就直接告诉张老师他不去。张老师不知道原因，虽然被林老师这样直接拒绝感到难过，但还是一再盛情相邀。

最后，林老师生气地说：“说了不去就不去，你烦不烦？”当时办公室里还有几位其他老师，张老师顿时感觉很难堪，尴尬地笑了笑就走了。自此，虽然表面上没什么，但大家还是感觉到这两位老师之间的关系没有以前那么好了。

其实，林老师就是因为不懂得拒绝的技巧，才会与张老师之间产生误会。如果林老师与张老师好好解释原因，或者是拒绝的时候语气能柔和点儿，态度能好点儿，双方有可能就不会闹得这么僵了。

试想，假如有一天我们满心欢喜地邀请自己的朋友、同事去参加一个活动，为此我们甚至还花费了许多时间和精力去精心准备，结果对方却直接又生硬地对我们说：“不去！”这个时候，就算是脾气再好的人听到对方毫不留情地拒绝，也会感到非常的难过、愤怒，觉得自己一片真心相待，却得不到回应。

由此及彼，我们在面对一些不能答应的要求而予以拒绝时，一定要注意自己的态度和语气，尽量选择一些舒缓、平和的方式来拒绝别人，这样既不会伤害别人，又可以让自己过得舒心一些。

苏珊女士是一名动物医生，她就十分懂得拒绝别人的智慧。

有一次，一位贵妇人打电话邀请苏珊女士去她家里，说是帮忙看看她家的牧羊犬。但是苏珊女士还在动物医院里坐诊救治其他动物，忙得脱不开身，于是就婉言建议由院里的另一位医生去给这位贵妇人的狗看病。这位贵妇人不肯答应，非要苏珊女士亲自来。

其实，医院里都是客户抱着自己的宠物来看病的，但是这位贵妇人的权势很大，所以她才能要求苏珊到她家里去给狗看病。苏珊并不想得罪这位贵妇人，于是说："夫人，是这样的，不是我不想去您家给您的狗治疗，而是我这里刚才来了一只重病的狗，这只狗的病非常严重，我到现在还没有将其完全治愈。而且，我并不十分确定这只狗身上是否携带有其他病菌，我担心去治疗时会把病菌带到您家。"

结果就是，那位贵妇人听到后不仅没有不高兴，还认为苏珊女士是一名真正为顾客考虑的好医生，从此更是对苏珊女士另眼相看了。

苏珊女士的故事告诉我们，我们在拒绝他人时，要让对方明白，我们这样做是为了对方好。这样一来，对方才容易接受我们的拒绝。只要我们懂得拒绝的方法，让别人愉快地接受我们的拒绝也不是一件难事。那么，如何拒绝别人才不至于让别人难受呢？聪明的人会这么做：

1. 善于换位思考。

想让别人心甘情愿地接受自己的拒绝，就应该从别人的立场出发，从对方的角度和立场来说服对方，让对方知道这么做是为其好。

2. 说话前深思熟虑。

拒绝前先把自己要说的话在脑子里演练一遍，然后把自己想象成那个被拒绝的人，想一下自己听到这种回答后的想法和心情。这种做法会让我们严肃对待即将要说出口的话，避免心直口快地说出一些冲动之言。

总之，我们要选择比较和缓的拒绝方式，知道什么时候该用什么样的语气和语言，使被拒绝的人“乘兴而来，满意而归”。

第七章

沟通不尴尬，任何场合都自如

善用玩笑
巧妙化解尴尬气氛

与不相熟的人交谈时，谈话对象对我们不了解，所以可能会下意识地抱有一种戒备心理。这种戒备心理是我们与对方交流的障碍，可能会影响彼此印象。如何才能降低对方的心理阻隔，消除对方的戒备心理呢？有时候，你只需要说一句幽默的话。

性格开朗的方琳是个在爱情方面有点木讷的女孩，见到相亲对象就紧张。最近，她却因一句幽默之言获得了相亲对象的好感。

前些日子，方琳去相亲，男方看起来很不错，比较合她的眼缘。于是，她终于鼓足勇气问对方："你喜欢什么样的女生？"男方想了一下，说："我喜欢投缘的女生。"方琳很紧张，一下子没反应过来，急忙问："一定要头圆的吗？头稍微有点方的不行吗？"男方听了之后，哈哈大笑。方琳也缓过神儿来，为自己的话笑起来。接下来，两人的谈话就轻松、融洽了许多。

方琳因为紧张，把"投缘"理解成了"头圆"，进而问出了一个幽默的问题。而这一句话，则使男方笑起来，降低了心理防线，对方琳产生了一些好感。而且，这一句幽默的话，也让两个人之前尴尬紧张的聊天氛围变得轻松起来。

幽默是人际关系的润滑剂，对沟通来说至关重要。有时候，我们要拒绝别人时，不免要伤害对方的感情，对方也会因此有一种被拒绝之后的懊恼感，这可能会影响日后的相处。所以，在拒绝别人的时候，我们为何不换一种幽默的方式呢？

午后，周晴不小心打翻了可乐。为避免引来蟑螂，她连忙打扫。然而，可乐已经渗入了办公室的地毯里，清洁起来非常麻烦。正巧同事苏昙从旁边经过，她就请苏昙帮忙。

苏昙正好有事分不开身，但是该怎么说呢？她灵机一动，笑着对周晴说："晴晴放心，咱们东方的蟑螂不喜欢喝洋饮料！你先扫着，等我把文件送完，就来帮你。"一句话说得周晴笑了起来，毫不介意苏昙对自己的拒绝，开始自己清理起地面。

或许等苏昙忙完的时候，周晴早已经将地毯清理干净了，不过因为她的幽默，轻松地化解了周晴被拒绝的尴尬。

一句玩笑话，可以改变一个人对另一个人的喜恶。在职场中，用幽默来增加自己的亲和力，无疑是最好的选择。在家庭生活中，幽默也是一种非常重要的说话方式。它可以使对方从尴尬中解脱，化烦恼为欢畅，变痛苦为愉快，使对方平息激动，回归理智，最终使得彼此重拾默契，增进感情。

职场女强人韩桑整天忙于工作应酬，忽视了丈夫。忍无可忍的丈夫宣称要和她离婚。丈夫提出分割财产，问韩桑离婚后要什么东西。深爱丈夫的韩桑不愿离婚，说："我什么都不要，只要你。"

幽默之余，更有情意在。韩桑的丈夫听了，怎能不心生温暖，前嫌尽释？

夫妻长年厮守，很难不发生争执、吵闹。与其抱怨、争吵，伤了夫妻的和气，不如在危机时来点笑料，平衡对方的心理，重拾感情。

那我们如何用一句玩笑话来打动别人的心，消除对方的戒备心理和敌对情绪呢？

1. 用适当的夸张来形成对比。

一般来说，夸张能将事物的关系描绘得更形象，更凸显特征，也让人们表达的情感更真挚。在交谈中，用夸张幽默的方法能让彼此之间的心理防御降低很多。

2. 利用谐音。

在交谈中，巧妙"曲解"或营造出一种让人"误解"的语境。谐音能将对方的注意力转移到别处，从而降低对方的心理戒备，就像“投缘”可以谐音理解成“头圆”，从而引发幽默的效果。

值得注意的是，刻意点明要说笑话，往往达不到幽默的效果。譬如有些人，在开场时喜欢用“我来讲个笑话”作为开场白，这样有时达不到听者的心理期待，理想的幽默效果也就大打折扣。这样的“幽默”实在是太令人尴尬了，还不如没有。所以，懂得说话的人要学会顺其自然地运用幽默。

自费聚餐有讲究，某些话要先说透

AA制是当今一种比较流行的聚餐方式，特别是对于一些喜欢热闹、刚入职场不久的年轻人来说，他们往往会用这种方式来排遣工作上的压力，以及维系同事的感情。这种聚餐方式有这样几种优势：

第一，公平。每个人付同样的钱，吃同样的饭，首先在心理上是平衡的。

第二，和谐。这种饭局没有谁做东谁不做东之说，因为大家都掏钱了，都可以是做东之人，在饭局上可以畅所欲言，无所顾忌，互诉衷肠。

第三，团结。以这种方式聚餐的人一般都是在同一个团队工作，但大家彼此又不是非常熟悉且亲密。比如公司的某一部门，年龄相近，喜好相同的员工，以这种方式进行聚餐会加深彼此之间的感情，促进彼此之间的团结合作。

正是因为有这样的好处，所以这种聚餐方式才会受到很多人的追捧。但是，如果这样的聚餐方式过于频繁，且每次出入的都是一些高档场所，也会让一些人在经济上无法承受。比如有些已婚、有孩子或是房奴的年轻人，他们的生活压力已经非常大，如果频繁地参加这种聚会，必然会影响到自己的正常生活。但是如果拒绝不去，肯定会引起其他人对你的看法，影响你与同事之间的关系及人脉，甚至在工作上的进展。所以，这会让很多人感到焦虑，而要化解这种焦虑，又不影响自己正常的工作与生活，就需要我们用正确的方法来进行婉拒。

“小刘，今晚我们部门聚会，然后唱歌，费用AA制，去不去啊？”

“当然去啊，正好借此机会和大家认识一下。”

小刘是刚刚进入这家公司的行政助理，今年30岁，有一个两岁的女儿，丈夫是一位出租汽车司机，在郊区有一套按揭的房子，生活虽然不是很富裕，但是很幸福。这次能够进入这家公司从事这份工作是她梦寐以求的，所以她特别希望能够和同事搞好关系，让自己的工作更加顺利一些。这次正好有同事说要AA制聚餐，这绝对是一个不可错过的融入团队的机会。

晚上，大家都很高兴，在吃饭的时候小刘认真地向大家做了自我介绍，也大致了解了每位同事的情况，同事们对小刘都表示非常欢迎。之后小刘跟着同事们一起去唱歌，虽然她不怎么会唱歌，但是为了不破坏气氛，还是跟着一起去了。

这次AA制聚会小刘共花去了200元，虽然她很是心疼，但她觉得非常值。因为自从这次AA制聚会之后，大家对她热情了很多，工作上也经常受到同事的帮助。一切变得很顺利。

就在一个星期后的周末，同事小王对她说："小刘，今晚部门聚会，老规矩，老地方，别忘了啊！"

小刘一听又是部门AA制聚会，这意味着自己又要花去200元，还要让丈夫去接孩子放学，但是又想到同事之间关系的和谐，她还是果断地说："行，没有问题。"

这次聚会大家依然很高兴，吃吃喝喝，唱唱歌，大家依然沉浸在欢乐的气氛中，可是小刘隐隐觉得，已经影响到了自己的钱包。

让小刘没想到的是，之后的每个星期周末部门都要进行AA制的聚会，并且大家心情好的时候，一个周末两次，这让家庭经济压力大的小刘很是吃不消。

终于，在一次同事照旧邀请AA制聚会时，小刘说："不好意思，今天家里有点儿事，我就不去了。"小刘以这样的方式拒绝了几次之后，同事们聚会的时候很少再邀请她了，而且大家似乎对她有了一种排斥的心理，让小刘很是苦闷。

身在职场，这样的AA制经常会遇到，特别是一些基层工资待遇不是很高的员工，本身是一件有利于团结的事情，可是过于频繁，费用太高，而且每个人的经济状况及生活状况有所不同，这就会给一些员工造成经济上的压力甚至是困难。而且由于有些人性格内向，并不喜欢参加这样的聚会。这时，如何拒绝就显得颇为重要。

故事中，小刘虽然知道与同事进行自费聚餐的重要性，但是过于频繁，由于生活的压力使得她不得不选择退出，可她在拒绝上采取的方式不当，从而引起了同事对她的排斥，这样极大地影响了她工作的顺利展开。

搞好同事关系，是职场中做好工作的首要法则，而办公室自费聚餐又是提升同事关系的方法之一，但是如果这样的聚餐会影响到自己的生活，或者自己的心情不好不想参与，如故事中小刘遇到的情况，在拒绝的过程中，既要不损害彼此之间的关系，又要让同事高兴地接受，可以选择以下几种方法。

1.先发制人。

在进入某一单位后，你事先得知在这个团队中有自费聚会的传统，并且特别频繁且费用昂贵。首先你可以和同事在无意中谈谈自己生活的压力，让同事们知道你的苦衷。一般情况下他们都会理解，以后也就不再频繁地邀请你去自费聚餐了，即使在邀请你的时候你婉言拒绝，他们也不会觉得你不合群。当然，到公司后的第一次自费聚餐还是非常有必要的。在你多次自费聚餐后发现过于频繁或者费用太高，而不想参加时，就可以用这种方法进行铺垫拒绝，这就叫先发制人。

2.连环计。

如果你的经济状况还可以，就是不想参与这样的聚会，而又不好拒绝，这时你可以找一些关系较好的朋友，在宴会刚刚开始或者去酒店路上，让其给你打电话，说有重要事情需要你的帮助，而且是焦急万分，你也不可推辞的样子。这样你就可以以此为借口顺利地“闪了”。

3.找充足的理由。

你喜欢热闹，也很喜欢参加这样的聚会，但是不希望太过频繁，这时你可以阶段性地找一些充足的理由来婉言拒绝，比如：“需要早点回家接孩子”“家里来了重要客人”等，这样同事就不会把你排除在他们的圈子外，下次你还会接到邀请，还可以参加。

有了这些方法，相信你在以后的邀约中就不会再烦恼了。

在不同的场合用不同的说话方式

善于沟通的人，总是能够恰当地把握说话的场合，巧妙地表达自己的想法，并且让对方产生愉悦的心情。相反，不善于沟通的人，总是随心所欲、信口开河，不管什么场合都肆无忌惮地乱说一通，以至于说出让人不舒服的话。

说话注意场合，在不同的场合采取不同的说话方式，这是一种沟通的技巧，更是一个人基本素养的体现。如果忽视了场合，那么即便是再完美的话，恐怕也无法起到作用，甚至还会招来别人的反感。

比如，在公众场合，你就应该说一些客套话，说一些正式用语，这样才能体现你对听众的尊重。如果是老朋友聚会，你却还说那些客套话，打官腔，就会显得太虚假、做作了。之后，恐怕没有人愿意和你交往，更没有人愿意真心对你了。

再比如，悲伤的氛围下，你就应该说安慰的话、沉稳的话；喜庆的氛围下，你就应该说令人高兴、活跃氛围的话。可是如果你没有注意场合，在别人悲伤的时候说喜庆的话，在别人高兴的时候说丧气的话，那么就只能招致别人的误会，甚至仇恨。

因此，我们要记住，想要高效地沟通，就应该在不同的场合说不同的话，否则很难达到理想的效果。不妨看看英国女王的小故事。

据说，已故的英国女王伊丽莎白和丈夫的感情非常好，很多年来一直相知相爱。可是，女王毕竟是一国之君，习惯了发号施令，有时候可能会用同样的方式来对待自己的丈夫。一天，女王忙完应酬之后，已经是深夜了。她回到卧室外，发现房门已经被反锁了，便大声地敲门。

丈夫大声地问："门外是谁？"

她高声且有威严地回答："我是女王。"

可是房间内没有任何反应，她只能耐心地再次敲门。丈夫又问道："门外是谁？"

她这次放低了姿态，改变了回答的方式，说："我是伊丽莎白。"

可是，丈夫还是没有开门，她只能第三次敲门。丈夫依旧问道："门外是谁？"

这一次她用温柔的声音说：“我是你的妻子。”

直到这时，丈夫才打开房门，迎接自己的妻子。

是的，伊丽莎白是英国的女王，拥有至高无上的权力。可是，这只是她面对大臣、英国国民时的身份。回到家里，她的身份只是一个妻子。面对自己的丈夫、爱人，她就不能摆着女王的姿态说话。否则，家庭关系、夫妻和谐就会出现严重的问题。

不管你是什么样的人，都应该学会根据场合的不同来改变自己说话的态度、方式，以及说话的内容。因为每个人在不同的场合所拥有的身份是不同的，面对的对象也是不同的，所处的氛围也是有所差别的。这就是我们俗话所说的“到什么山上唱什么歌”。如果你不能认清自己的身份，无法把握好所处的场合，那么就会说出有失分寸的话。

那么，我们应该如何说出适宜的话呢？其实很简单，只要我们区分开几种场合就可以了。

1. 陌生场合和熟悉场合。

俗话说：“内外有别，亲疏有度。”在陌生场合，我们说话时就要注意分寸，不可胡言乱语，更不可说一些过于亲密的话。而在亲朋好友聚会的场合，我们就可以无话不谈、畅所欲言，不可打官腔、说虚伪的话。不管是哪一种场合，如果你模糊了界限，那么就会说出不得体的话，以至于招来别人的反感。

2. 正式场合与非正式场合。

在正式场合，我们就应该严肃认真，说正式用语和礼貌用语，尽量避免口头用语。而在非正式场合，我们可以随意一些，就像是聊天一样，不能太呆板、严肃，这样才能更容易拉近彼此的距离。

3. 喜庆场合与悲痛场合。

一般来说，我们说的话应该和所在场合的气氛相协调：千万不要在别人办喜事的时候，说出一些悲伤或是不吉利的话；也不要在别人悲痛的时候说一些开玩笑的话。

总之，针对不同的场合，选择最合适的语言和表达方式，才能让我们的沟通达到最佳的效果。

任何时候，都不要打听别人的秘密

心理学研究发现，每个人都需要有一个不受侵犯的生活空间，与此同时，也需要一个属于自我的心理空间。再坦率的人都有个人的内心隐秘，这些隐秘即使是对非常亲密的朋友也不愿坦露。

然而，有些人却偏偏喜欢打听别人的私事。打听也罢，询问也罢，这其实已经算“侵犯”隐私了。也许有的人并不一定有什么企图，可是，能说的人家自己就会说，不能说的“挖”也没用。更有甚者还会把它们传播出去。虽然不是什么丑闻，总归让人不舒服。这样的人就在你的身边，他们东串串、西串串，让人家嫌弃和轻看，看见都躲得远远的。

在一家建筑工程单位的机关里当出纳的佳慧，平时除了做账外，最喜欢做的事就是打听别人隐私。

有一次，听同一个办公室的小范透露物资办的赵月其实是个单身母亲，从此佳慧无论是打开水还是打扫走廊都要往赵月的办公室瞟一眼，看着赵月出来就忙上前跟她聊几句，显得非常关心赵月。赵月也觉得有人这么关心自己挺好的。可是渐渐地，她发现佳慧问得越来越多，问她孩子多大了，她和孩子的父亲是怎么认识的，是不是高中就在一起了，不然怎么那么早就有孩子了，还问孩子爸爸认不认孩子等。

赵月觉得这都是自己的私事，不想告诉佳慧。佳慧就急了，把赵月先前告诉自己的一点事往外说，闹得整个单位都沸沸扬扬的。赵月只得告诉她和孩子父亲是大学时认识的，认为这下佳慧该满意了，就请求她不要再传什么自己的私事。佳慧满口答应了，可是又问赵月孩子的爸爸现在在干什么。赵月见佳慧根本没有收手的意思，就干脆不理她了，任佳慧去说。

时间长了，佳慧自己觉得没趣，又转移了打听的对象。如此这般打听的人多了，时间长了，整个单位的人都知道佳慧是个爱打听事儿的，都不理她了。领导知道后找了个理由把她打发到一个项目的工地上，不让她回机关了。

像佳慧这样喜欢打探别人秘密的情况，从心理学角度来讲，多少有点“窥视癖”，喜欢“窥视”别人而获得心理的满足。

在平常人看来，爱打听别人隐私的人，暴露的是空虚的内心世界、低层次的心理需求。别人会觉得这样的人非常无聊。从某种意义上说，这也是不道德的行为。人家表面上笑呵呵的，实际上心里却在笑话他，都看不起他。可想而知，这样的人，他的人际关系肯定是一团糟，更别提什么好的机会、好的发展了。

爱打听别人隐私的人除内心空虚外，还有某种阴暗心理——总想从别人的“短”里炫耀自己的“长”。人家日子不顺气，他就显得顺当；人家过去有“污点”，他就显得干净。

秘密的内涵除了大家公认的范畴外，也随着人的不同而有所不同，比如工作计划、业余生活安排、家庭背景……只要人家不想透露的就是秘密。

秘密不仅不能打听，在别人找你分享她最私密的事情时，最好还要躲开。因为别看此时他在跟你分享秘密，彼时他就可能把知道他秘密的人当作敌人一样来警惕。如果有对他不利的流言，他第一个怀疑的就是你！

颖秀和小绍是大学同学。颖秀是个少言寡语的女孩，小绍却是个话很多的人，也总是喜欢以自己为话题。她一来就坐到颖秀的旁边，自顾自地介绍起自己，抹一会儿指甲油说一会儿话，不一会儿就和颖秀好像认识了多久似的。

颖秀其实想走开，又不好意思走。一会儿小绍竟然说起自己和某学长谈恋爱的事，还说学长说了不希望她说出去。说到这儿，她特意提醒颖秀千万不要说出去。颖秀心想又不是我让你说的，是你自己要说的，我才不会说呢。小绍吩咐完颖秀，自己却和第二个、第三个、第四个人说了起来，然后再吩咐人家别说出去。

没多久全校的学生都知道小绍的男朋友是某某学长，学长知道后很生气，公开说要和小绍分手。小绍气愤地到处找那个把她秘密说出去的人，最后她把怀疑的对象锁定了颖秀，硬说是颖秀说出去的。明明是她自己到处说，却怪别人泄露秘密，颖秀这才发现世界上竟然会有这种人。

“林子大了，什么鸟都有。”可是像小绍这种人并不是什么“奇鸟”，在生活中并不少见。因此，除了不要打听别人的秘密，还要远离别人的秘密，因为你不知道这秘密里会有什么样的背景。

好奇心每个人都有，可千万别把这种好奇心无限扩大成别人躲避你的理由，更不要为知道了别人告诉你的一点秘密而窃喜。在复杂的社会中，“秘密”这东西，有时候你知道得越多，对你越不利。甚至，你知道了，也要装作不知道。

总之，打听别人的秘密会带来如下的麻烦：

1.没有良好的人际关系。

良好的人际关系难以建立，被人认为是“空虚、无聊”的表现而惹人厌恶。

2.总被怀疑为“秘密”的传播者。

人们普遍认为，热衷于打听的人也必定热衷于传播。

3. 招致潜在危险。

有些秘密是惹来麻烦，作为“知情者”，说不定会受到忌恨、排挤、打压和报复。

多人聚会时，少说一些悄悄话

在人数较多的聚会中，讲究的是把气氛搞得活跃起来，让所有人都能感受到这份欢乐。所以，当某两个人避开其他人的话题，在私底下说悄悄话时，其他人难免会有被冷落的感觉，觉得无趣。

有的人容易犯这样的错误：当饭局中有自己熟识的人或者是投缘的人时，便会情不自禁地与之攀谈，从而不自觉地将自己从大的聊天环境中抽离出来，进入一个小的聊天环境中，引得他人不悦却还浑然不觉。

许莎莎和副总一起去参加饭局，转盘上各色菜肴上了满桌，主人热情地招待着大家“吃好喝好”，直待副总动了筷子，大家才纷纷开吃。

这时，许莎莎用手挡着嘴在副总耳边轻轻说：“领导，您这中午才吃了胃药，一会儿可不敢空腹就喝酒，先吃些菜或是主食垫垫……”

副总微笑着点了点头说：“嗯，我知道，这酒肯定是要喝的，一会儿你替我挡挡就成。”

“呵呵，我看他长得那个样子也不像是多么能喝的人，估计三杯两杯的就不行了，您对他肯定没问题啦。”莎莎悄悄对副总说道。顿时引得副总笑意满面，搞得主人一脸迷惘。

“麦总，许秘书，可一定要吃好。你们先吃着，垫垫肚子，一会儿咱好好喝几杯。”主人尽可能地招待着。

“嗯嗯，一定一定。”副总应和着。

许莎莎也微笑着点了点头。

接着，许莎莎又在副总的耳边笑着说：“看吧，我说什么来着，他也怕醉，得先垫垫肚子才敢和您拼，这您还怕什么呀……”

副总也悄悄地在许莎莎的耳边近似呢喃地回应说：“呵呵，人不可貌相啊，指不定多能喝呢。”

这时，许莎莎用眼睛的余光瞟见主人似乎也在对着身边女助理说些什么。女助理若有所悟地点了点头。

接下来，主人敬副总，副总回敬主人。这才刚过一圈，主人的女助理便端着杯子来到副总的面前说要敬副总一杯，副总与其对饮。接下来，女助理说要敬许莎莎，敬完一杯后索性坐在许莎莎的旁边不回主人身边了。

“许秘书，我听您的口音，您是南方人吧？”

“算是半个南方人吧，呵呵，我是南北方‘混血儿’，一半南方血统，一半北方血统，从小就会讲两个地方的话。不过因为从小长在南方，所以口音多多少少偏向南方一些。”

“我说呢。我们北方人讲话粗犷一些，讲豪气，可我听着你讲话特细腻，想着应该是南方的姑娘。我以前在南方待过，那边的环境不错，人也……”

就这样，女助理和许莎莎天南海北地聊了起来，一会儿聊自己在外面的见识与阅历，一会儿聊化妆品、穿着打扮，一会儿再悄悄地聊自己最近看的偶像剧，自己最新迷上的明星……许莎莎也想将自己抽离出来，照顾好副总，但无奈对方太热情，难以拒绝。

那边主人和副总也热聊了起来，顿时饭桌上形成了两组，进行了两类话题，多多少少显得有些不协调。

终于，主人的话打破了这种不协调。

“哟，两位美女悄悄话说了这么老半天，聊什么呢？有什么有趣的，拿到桌面上来，让我们大家伙都听听！”主人始终满脸堆着笑，总算是打断了女助理的热聊和许莎莎的神游与纠结。

“都是些女性的话题，男士勿听！”女助理娇滴滴地回应道。

“呵呵，用我那8岁的小女儿的话说，‘我就鄙视你们这些说悄悄话的，让人听不见干着急’……”主人学着自己女儿说话时的腔调，顿时引得大家一阵笑。

回去的路上，许莎莎在车上还唠叨着：“那女助理也太热情了，拉着我使劲儿地唠……”

副总对着浑然不觉的许莎莎说：“‘我就鄙视你们这些说悄悄话的’，这句话你知道是说给谁的吗？”

“说给他那女助理的呗，不……不会是说给我听的吧？那也不怨我啊，是他的助理缠着我，非要和我讲悄悄话的。”许莎莎仍不以为然地说道。

“是说咱俩呢，一上桌，就咱俩你一句我一句的，人家肯定是不高兴了。你没看你和那小姑娘一聊，人家好不容易逮着我，直接说重点，说起了工程上的事情。”

此时许莎莎才恍然大悟。

作为主人，看到自己请的主宾和随身带的秘书说悄悄话，看着主宾一会儿脸色开朗，一会儿脸色凝重，主人的心自然也跟着沉沉浮浮。

再者，主人既然设宴邀请主宾，那就绝非简单意义上的请主宾及其秘书吃好喝好，能够和主宾聊一聊、攀些交情恐怕才是其目的。尤其是对于一些奔着“解决事情”才来的主人，更是不能白白花了钱，没办成事。

所以，不难想象，那名女助理在主人的一阵耳语下，便借着敬酒坐到许莎莎旁边，然后再以一些私密话题和许莎莎热聊，其实就是另一种意义上的“话语及行为绑架”，让许莎莎无法再抽身与副总说悄悄话。

这样，正如副总最后所说的那样，主人好不容易逮着机会，没敬几杯酒就直接谈起了做工程这个“宴请目的”。

通常饭桌上人们是不太愿意这样“明着聊目的”的，大概是被形势所迫，所以主人才不得不出此下策。

当然，通常作为主人，即便对于主宾参与的悄悄话不好明着多说什么，但可能心中有些气愤难平，所以才借着批评自己女助理来达到“指桑骂槐”的目的。

从这个事例中我们应吸取几点教训：

1.不主动说悄悄话。

不要主动去和身边的人说悄悄话，哪怕是主人或主宾。

2.不回应悄悄话。

对于他人在耳边说悄悄话，不做过多的回应，这样既不失礼，也会让对方“知难而退”。

3.大多场合都忌说悄悄话。

如果是朋友聚会，不分主次，也不要同身边人过多交谈，会让他人有“就你们俩关系最好”的心理，更可能会让人产生嫉妒心，觉得你厚此薄彼。

强行插话，只会让别人厌恶你

在聚会上，你看到别人风风火火地聊了起来，恐怕也会不甘寂寞，想适时地插上几句话。

要插入别人聊得正兴起的话题中，看似简单，但也是一门技术活，稍有不慎，就可能把别人的话题给打散了，让场面陷入尴尬之中。

任白是一家中型公司采购部的经理助理。虽然他只是助理，但负责的工作内容却很琐碎，基本上算是采购部的半个经理了。因为工作能力较强，而且踏实肯干，也确实为身为采购部经理的杨辉分了不少忧。

杨辉经常有应酬，无非就是一些经销商想通过杨辉获得供货资格。当然，也有一些客户已经和公司达成了长期合作，之所以时不时请杨辉吃饭，是为了巩固感情，生怕一个不留神，这位“财神爷”就被别人抢了去。

一天，杨辉带任白前去参加一次合作谈判，这让任白既有些兴奋，又有些恐慌，生怕自己应付不来。

到了谈判场所后，双方客套了一番，杨辉就和那名经销商谈起了业务上的事。任白心想：让我来，我至少得起到一些作用吧，总不能这样干坐着，当摆设吧？

于是，他便想找机会插些话。

“你们的东西还是不错的……”

“的确，这个我最清楚了，你们的东西在我们公司还是颇受好评的，就是供货时间上总是会有些偏差，我发现一些小规律，你听听看是不是……每到月底那几天，供货就慢些，有时还会拖几天，其他时间就稍好些，相对快速准时一些。”杨辉的话只说了一半，任白就抢着说了这么一大段话。

“小任，这位方总和我交谈过，主要是月底补货的公司太多，他们那边人手会很紧张。所以方总，这次的话……”

“对，这次我们不妨就这件事，好好谈论一下解决的方法，总这样也不是个事啊。”任白早就听杨辉唠叨过这件事，说再见到经销商的面，一定要好好说说这件事。所以，他想自己应该是说到点子上了。

“是是是，任先生说得是啊。我们那边会做改善，再增设一些人手或是为贵公司指派专员，以确保准时到货。”

“哦，那我们杨经理就放心了。”

“杨总，您就放心吧。”

“嗯，我放心着呢。有小任在，我有什么不放心的。”

“哈哈，是啊，经理，有我在，您就放一百个心吧，这件事情我督促着。”任白不由笑了起来，但他从客户脸上读出了一些尴尬的味道。再看看杨总，把所有的目光全放在了一个菜上，拿着筷子漫不经心地夹几口，嚼了嚼。

任白顿时感觉到有一股凉意涌上心头，于是低声叫道：“杨总？”

“嗯？怎么了？”杨总一副恍然回神的模样，看看任白，又看看方总，然后哈哈大笑着对任白说：“你们讲完了？那就暂时告一段落，先吃点喝点，再接着聊。”

几个人在一起时，谁也不想被晾在一边干坐着当摆设，看到他人兴致勃勃地聊着一些话题，想要上去凑一嘴，这也是可以理解的，属情理之中。

然而，插话最忌讳的就是不分情况硬往里插，正如任白这样，领导在和对方的负责人谈话，而且还是工作上的事情，他却强行插话，这肯定是不合时宜的。

虽然任白对工作上的事情并不陌生，可能也常和对方公司的下属打交道，因此觉得自己插的话不会有什么差错，但是他没能考虑到杨辉作为经理的立场。

很明显，任白的插话有些喧宾夺主了，这会让杨辉觉得自己在客户面前没面子，也打乱了杨辉的谈话节奏。

“嗯，我放心着呢。有小任在，我有什么不放心的。”这便是一种潜在的厌倦与不满的情绪，但是任白完全没有体会到，甚至还误以为杨辉是在夸自己，反而更加踊跃地表现自己。

其实，即便杨辉直到最后也没有明确翻脸，但那带来阵阵凉意的“沉默”便是对任白最好的提醒与教训，尤其是最后那一句“你们讲完了？”更是表露了他心里的不满与不悦。

从这个事例中，我们可以吸取一些教训，总结出一些经验：

1.该沉默时沉默。

要看清自己的角色。领导谈话，秘书、助理等陪同最好不要随便插嘴，在领导话题遇到瓶颈或是尴尬时及时出来调解、救场就行。

2.插话插两分。

如果是陪客，即便是自己能插得上嘴的话题，也要保留几分，不要把话全讲满了，让别人无话可讲。

3.不发表决策。

领导间相互交谈工作时，不要胡乱发表自己的看法，甚至乱发表决策。